「ピカドン」と呼《よ》ばれた原爆《げんばく》
被害《ひがい》は市街地《しがいち》全域《ぜんいき》

原爆《げんばく》は、広島市《ひろしまし》の市街地《しがいち》のほぼ中央《ちゅうおう》、上空《じょうくう》600ｍの高《たか》さで爆発《ばくはつ》しました。そのために、被害《ひがい》は、市《し》のほぼ全域《ぜんいき》にわたりました。

建物《たてもの》の90%以上《いじょう》が、こわれたり、その後《ご》の火事《かじ》で焼《や》けたりしたのです。

広島《ひろしま》で原爆《げんばく》にあった人《ひと》たちは、爆発《ばくはつ》の瞬間《しゅんかん》に見《み》たピカッとした光《ひかり》と大《おお》きな音《おと》の印象《いんしょう》から、原爆《げんばく》を「ピカドン」と呼《よ》びました。

爆心地《ばくしんち》(原爆《げんばく》が爆発《ばくはつ》した地点《ちてん》の真下《ました》)からの距離《きょり》と被害《ひがい》

0km

上空《じょうくう》600ｍで原爆《げんばく》が爆発《ばくはつ》。

0.1km

即死《そくし》、または即死《そくし》をまぬが
れても、数時間《すうじかん》で死亡《しぼう》。

1.2km

熱線《ねっせん》により、ほとんどの人《ひと》が死亡《しぼう》。

目《もく》次《じ》

姉《あね》の裕里《ゆり》より……2

1 杜夫《もりお》の誕生《たんじょう》……6

2 父《ちち》、戦地《せんち》に向《む》かう……13

3 父《ちち》の帰国《きこく》と鎌倉《かまくら》の生活《せいかつ》……17

4 悲《かな》しい知《し》らせ……27

5 家族《かぞく》そろっての生活《せいかつ》……33

6 勤労動員《きんろうどういん》の毎日《まいにち》……39

7 「8月《がつ》6《むい》日《か》」、運命《うんめい》の日《ひ》……46

8 杜夫《もりお》の消息《しょうそく》……60

9 終戦《しゅうせん》と「杜夫《もりお》の死《し》」……78

10 空《そら》にのぼった杜夫《もりお》……82

11 思《おも》い出《で》の鎌倉《かまくら》をたずねて……86

12 届《とど》いた書状《しょじょう》……90

13 母《はは》の残《のこ》した日記《にっき》……94

◇広島《ひろしま》の原爆《げんばく》とは？

一瞬《いっしゅん》で十数《じゅうすう》万《まん》名《めい》の命《いのち》をうばった 広島《ひろしま》の原爆《げんばく》（原子爆弾《げんしばくだん》）……100

たくさんの人《ひと》を殺《ころ》し、苦《くる》しめた おそろしい核兵器《かくへいき》……101

『ヒロシマ 8月《がつ》6《むい》日《か》、少年《しょうねん》の見《み》た空《そら》』のお話《はなし》を聞《き》かせてくれた茶本裕里《ちゃもとゆり》さん……103

12歳《さい》5か月《げつ》の戦没者《せんぼつしゃ》

ヒロシマ 8月6日《がつむいか》、少年《しょうねん》の見《み》た空《そら》

文・井上こみち　絵・すがわらけいこ

姉《あね》の裕里《ゆり》より

わたしは、三重野杜夫《みえのもりお》の姉《あね》の裕里《ゆり》です。

杜夫《もりお》は1945（昭和《しょうわ》20）年《ねん》8月《がつ》6日《むいか》の朝《あさ》、一発《いっぱつ》の原子爆弾《げんしばくだん》によって命《いのち》を失《うしな》いました。

中学生《ちゅうがくせい》になったばかりの杜夫《もりお》は、12歳《さい》5か月《げつ》でした。

わたしたち家族《かぞく》は、杜夫《もりお》が「早《はや》くむかえにきて」と、救《すく》いを待《ま》っているにちがいないと、
1週間《しゅうかん》さがしまわりました。

でも、弟《おとうと》を見《み》つけ出《だ》すことはできませんでした。
戦争《せんそう》はたくさんの命《いのち》をうばいました。
戦争《せんそう》さえなければ、未来《みらい》ある杜夫《もりお》たちのような
若《わか》い命《いのち》がうばわれることはなかったはずです。
これはわたしたち家族《かぞく》が、
杜夫《もりお》と過《す》ごしたかけがえのない日々《ひび》、
愛《あい》する者《もの》を失《うしな》った悲《かな》しみ、
そして平和《へいわ》へのいのりをこめた記録《きろく》です。

三重野杜夫《みえのもりお》。12歳《さい》5か月《げつ》。

幼《おさな》さを残《のこ》しながらも、りりしい男《おとこ》の子《こ》でした。

「お父《とう》さま、お母《かあ》さま、お姉《ねえ》ちゃま、行《い》ってまいります。」

小《ちい》さく右手《みぎて》をふると、杜夫《もりお》は、育《そだ》ちはじめた稲《いね》の間《あいだ》に消《き》えていきました。

家族《かぞく》が杜夫《もりお》を見《み》た最後《さいご》です。

1 杜夫《もりお》の誕生《たんじょう》

杜夫《もりお》は、1933（昭和《しょうわ》8）年《ねん》3月《がつ》、大分県《おおいたけん》の臼杵《うすき》で生《う》まれました。父《ちち》は定夫《さだお》。母《はは》は松代《まつよ》。三重野家《みえのけ》待望《たいぼう》の男子《だんし》の誕生《たんじょう》に、しんせき一同《いちどう》からも、

「大役《たいやく》をはたしたな。ご苦労《くろう》さん。ありがとうよ。」

と、ねぎらわれて、松代《まつよ》はとても満足《まんぞく》そうでした。

杜夫《もりお》の上《うえ》にはふたりの姉《あね》、6つ年上《としうえ》の万里《まり》と、4つ年上《としうえ》の裕里《ゆり》がいます。海軍《かいぐん》の軍人《ぐんじん》の父《ちち》は、前《まえ》の年《とし》の12月《がつ》に、おなかの大《おお》きい妻《つま》とふたりの娘《むすめ》を、自分《じぶん》のふるさとの家《いえ》にあずけました。それから、広島《ひろしま》の呉港《くれこう》※を出《で》て、第三艦隊《だいさんかんたい》※の一員《いちいん》として東《ひがし》シナ海《かい》に向《む》かったのです。

いったん海外《かいがい》に出《で》れば、いつ日本にもどれるかわかりません。出産予定《しゅっさんよてい》のころまでに、帰国《きこく》できるかどうかわからなかったのです。

海外任務《かいがいにんむ》に出向《でむ》く父《ちち》を、母《はは》はいつものように送《おく》り出《だ》しました。

「だいじょうぶです。わたしたちのことはご心配《しんぱい》なく。」

母《はは》は父《ちち》を海外《かいがい》に送《おく》り出《だ》すのは、はじめてではありませんでした。

海軍《かいぐん》の技術者《ぎじゅつしゃ》を育《そだ》てる※海軍機関学校《かいぐんきかんがっこう》（神奈川県《かながわけん》※横須賀市《よこすかし》）を卒業《そつぎょう》した父《ちち》は、後《のち》に戦争《せんそう》がはじまったときには、軍艦《ぐんかん》に乗《の》り組《く》んでいました。

海軍機関学校《かいぐんきかんがっこう》は、全国《ぜんこく》でたった40名《めい》ほどしか合格《ごうかく》しないという難関《なんかん》です。

そこを出《で》て、海軍機関《かいぐんきかん》※少尉《しょうい》になったのでした。

このころは、国《くに》のために自《みずか》らの意志《いし》で身《み》をささげる軍人《ぐんじん》になることは、とてもほこらしいこととされていました。ひとたび、命令《めいれい》が出《で》れば、どこにでも転任《てんにん》しなければならないので、そのたびに住《す》まいがかわります。

でも、それがあたりまえだと思《おも》っていた万里《まり》と裕里《ゆり》は、学校《がっこう》に行《い》くようになっ

※呉港《くれこう》…大規模《だいきぼ》な海軍《かいぐん》の基地《きち》や、造船所《ぞうせんじょ》などがあった。※艦隊《かんたい》…2隻以上《せきいじょう》の軍艦《ぐんかん》で編成《へんせい》された部隊《ぶたい》。
※海軍機関学校《かいぐんきかんがっこう》…エンジンなどの機械《きかい》にたずさわる海軍士官《かいぐんしかん》を養成《ようせい》する学校《がっこう》。※横須賀《よこすか》…神奈川県横須賀市《かながわけんよこすかし》。海軍《かいぐん》の大規模《だいきぼ》な基地《きち》や造船所《ぞうせんじょ》があった。※少尉《しょうい》…軍隊《ぐんたい》で、戦《たたか》いを指揮《しき》する役目《やくめ》の将校《しょうこう》のなかで、一番下《いちばんした》の位《くらい》。

てから、はじめて友《とも》だちの家《いえ》とのちがいを知《し》りました。

そのあと、家族《かぞく》は任務先《にんむさき》に合《あ》わせて、長崎県佐《ながさきけんさ》世保《せぼ》をはじめ、海軍基地《かいぐんきち》のある町《まち》へと何回《なんかい》も移《うつ》り住《す》むことになります。

父《ちち》が杜夫《もりお》の顔《かお》をはじめて見《み》たのは、誕生《たんじょう》から半《はん》年《とし》が過《す》ぎたころでした。長《なが》い航海《こうかい》からもどった父《ちち》は、まっすぐに、ふるさとへと向《む》かいました。

「よくぞ男子《だんし》を産《う》んでくれた。でかしたぞ松代《まつよ》。」

父《ちち》は息子《むすこ》をだきしめ、うれし涙《なみだ》を流《なが》して喜《よろこ》びました。そして、杜夫《もりお》の誕生《たんじょう》を祝《いわ》い、記念《きねん》にかぶとを買《か》ってきました。

「初節句《はつぜっく》には間《ま》に合《あ》わなかったけれど、これは強《つよ》くたくましい日本男児《にっぽんだんじ》になるための、お守《まも》りのようなものだよ。」

片手《かたて》の手《て》のひらにのるほどのかぶとです。でも、鋳物製《いものせい》のかぶとは、ずしりと重《おも》く、小《ちい》さいながら、堂々《どうどう》としていました。

お節句《せっく》の祝《いわ》いといえば、男《おとこ》の子《こ》ならば、細工《さいく》をほどこした、大《おお》きくてきらびやかなかぶとや、武将《ぶしょう》、※鍾馗《しょうき》さまの人形《にんぎょう》が一般的《いっぱんてき》です。

その小《ちい》さいかぶとを見《み》て、万里《まり》と裕里《ゆり》は、杜夫《もりお》に同情《どうじょう》しました。

「かぶとひとつなんて、男《おとこ》の子《こ》ってかわいそう。」

※鍾馗《しょうき》…災《わざわ》いをしりぞける中国《ちゅうごく》の神《かみ》さま。日本では、5月《がつ》の節句《せっく》のときに、魔除《まよ》けの神《かみ》として飾《かざ》られる。

「わたしたちのおひなさまも小《ちい》さいけれど、ほかにも遊《あそ》べるお人形《にんぎょう》があるから、にぎやかでいいわ。」

「そうね、女《おんな》の子《こ》のほうがいいわよね。」

けれども母《はは》は、父《ちち》に頭《あたま》を下《さ》げました。

「三重野《みえの》の家《いえ》には、これがよろしいのです。ありがとうございます。」


年《とし》の近《ちか》い裕里《ゆり》と杜夫《もりお》は、ささいなことでよくけんかをしていました。

でも、けんかをするのは、たいてい父《ちち》のいないときです。姉《あね》と弟《おとうと》はそれなりに、父《ちち》に気《き》をつかっていたのです。

はじめは、どちらかが肩《かた》をぽんと押《お》すだけだったものが、押《お》されたほうは押《お》し返《かえ》します。いつのまにか本気《ほんき》になって、部屋《へや》から部屋《へや》への追《お》いかけっこになり、勢《いきお》いあまってふすまを破《やぶ》いてしまったり。

姉《あね》の万里《まり》はふたりが争《あらそ》っていると、たいていは弟《おとうと》の味方《みかた》をします。

「モーちゃんと本気《ほんき》でけんかする、裕里《ゆり》ちゃんのほうが悪《わる》い。」

母《はは》はといえば、どんな理由《りゆう》があろうとも、裕里《ゆり》をしかります。

「お姉《ねえ》ちゃまなのだから、やさしくしてあげなさい！」とか、

「男《おとこ》の子《こ》の大事《だいじ》なおもちゃを、とり上《あ》げたりするものではありません！」とか。

母《はは》の後《うし》ろだてに気《き》を強《つよ》くしている杜夫《もりお》は、くりくりとした目《め》を見開《みひら》いて、

「アッカンベー！」

裕里《ゆり》につかまらないように、にげまわります。裕里《ゆり》の力《ちから》があまって、転《ころ》んだ杜夫《もりお》のひざにすり傷《きず》でもできようものなら、母《はは》は声《こえ》を荒《あら》らげます。

「男《おとこ》の子《こ》の体《からだ》に傷《きず》をつけたりして、お国《くに》のお役《やく》に立《た》てなくなったら、とり返《かえ》しがつかないのよ！」

それを見《み》ていた万里《まり》が、裕里《ゆり》をたしなめます。

「モーちゃんは、大《おお》きくなったら、お父《とう》さまのような軍人《ぐんじん》になって、戦《たたか》わなければならない人《ひと》なの。だからお母《かあ》さまは、モーちゃんを大事《だいじ》にしているの。」

そんな母《はは》の杜夫《もりお》びいきは、裕里《ゆり》の気持《きも》ちを傷《きず》つけるばかりでした。

「わたしだって男《おとこ》の子《こ》に生《う》まれたかった。」

裕里《ゆり》は口《くち》をとがらせます。

けれども、かわいらしい杜夫《もりお》の寝顔《ねがお》を見《み》ているうちに、不思議《ふしぎ》といかりはおさまり、やさしい気《き》持《も》ちになりました。

心《こころ》を入《い》れかえた裕里《ゆり》は、朝《あさ》、おだやかにいいました。

「モーちゃん、これからはけんかをやめて、仲《なか》よくしましょうね。」

「なにいってるの。けんかをしかけてくるのは、お姉《ねえ》ちゃまのほうじゃないか。」

口《くち》のへらない杜夫《もりお》です。

2 父《ちち》、戦地《せんち》に向《む》かう

１９３８（昭和《しょうわ》13）年《ねん》。家族《かぞく》は、神奈川県《かながわけん》の鎌倉《かまくら》に引《ひ》っ越《こ》しました。それはやはり、父《ちち》の仕事《しごと》の関係《かんけい》で、横須賀《よこすか》の軍港《ぐんこう》に近《ちか》いからでした。

３人《にん》の子《こ》どもたちは、まわりに緑《みどり》が多《おお》く、庭《にわ》の広《ひろ》い家《いえ》に、

「ここはとってもいいところだね。ずっといられるといいなあ。」

と、はしゃぎまわりました。

万里《まり》と裕里《ゆり》は、鎌倉第二尋常高等小学校《かまくらだいにじんじょうこうとうしょうがっこう》※に転校《てんこう》。

翌《よく》１９３９（昭和《しょうわ》14）年《ねん》４月《がつ》、杜夫《もりお》は姉《あね》たちと同《おな》じ尋常高等小学校《じんじょうこうとうしょうがっこう》に入学《にゅうがく》。

※尋常高等小学校《じんじょうこうとうしょうがっこう》…6年間《ねんかん》の尋常小学校《じんじょうしょうがっこう》と2年間《ねんかん》の高等小学校《こうとうしょうがっこう》をあわせもった学校《がっこう》。

万里《まり》は、横浜《よこはま》の※女学校《じょがっこう》に入学《にゅうがく》しました。

杜夫《もりお》は後《のち》に、裕里《ゆり》たちをうらやましがらせることになります。

それは6年間《ねんかん》、転校《てんこう》せずにすんだことです。とくに万里《まり》は、小学校時代《しょうがっこうじだい》に2回《かい》も転校《てんこう》したせいで、仲《なか》のよい友《とも》だちができないままだったのです。

1941（昭和《しょうわ》16）年秋《ねんあき》、海軍《かいぐん》※中佐《ちゅうさ》になっていた父《ちち》には、すでに、※グアム、※サイパンなどの南方《なんぽう》での任務《にんむ》の命令《めいれい》が出《で》ていました。

このとき、まもなくアメリカへの攻撃《こうげき》がはじまることを、父《ちち》はわかっていたようです。鎌倉《かまくら》の原《はら》っぱのススキが風《かぜ》にゆれはじめた朝《あさ》、

「きょうは、みんなで出《で》かけるぞ。」

いきなりの家族招集《かぞくしょうしゅう》です。ふだんはおだやかな父《ちち》の声《こえ》が、めずらしくはずんでいました。東京《とうきょう》の※築地《つきじ》にある料亭《りょうてい》で食事《しょくじ》をするというのです。

食事《しょくじ》の前《まえ》に、東京《とうきょう》の写真館《しゃしんかん》で家族《かぞく》の記念写真《きねんしゃしん》を撮《と》るといいます。

料亭《りょうてい》も写真館《しゃしんかん》も、鎌倉《かまくら》にもあります。なぜ東京《とうきょう》なのか？

そんなことはどうでもよい子《こ》どもたちは、わき立《た》ちました。

でも、このときの母《はは》はあまりうれしそうではありません。

「お父《とう》さまは、これから遠《とお》くへいらっしゃるの。しばらくお別《わか》れだから、ずっと忘《わす》れられないくらい、おいしいごはんをいただくことになったのよ。」

そして、ひと息《いき》つくと、つぶやきました。

「次《つぎ》はいつになるのか……。」

それを見《み》ていた父《ちち》は、母《はは》にいいました。

「だいじょうぶ。心配《しんぱい》することはない。そのうち、外《そと》での食事《しょくじ》なんていくらでもできるようになるよ。これからはみんなそれぞれの道《みち》に進《すす》むわけだから、こうして家族《かぞく》がいっしょにいられるときを大事《だいじ》にしたいな。」

※女学校《じょがっこう》…高等女学校《こうとうじょがっこう》のこと。小学校《しょうがっこう》を卒業後《そつぎょうご》、3～5年間《ねんかん》通《かよ》った。※中佐《ちゅうさ》…将校《しょうこう》の階級《かいきゅう》のひとつ。少尉《しょうい》の4つ上《うえ》の位《くらい》。※グアム…西太平洋《にしたいへいよう》のマリアナ諸島《しょとう》の島《しま》。アメリカ領《りょう》。※サイパン…西太平洋《にしたいへいよう》のマリアナ諸島《しょとう》の島《しま》。日本が統治《とうち》していた。※築地《つきじ》…現在《げんざい》の中央区築地《ちゅうおうくつきじ》。

昭和《しょうわ》16年《ねん》。一家《いっか》5人《にん》がそろった最後《さいご》の写真《しゃしん》。立《た》っているのが母《はは》。前列左《ぜんれつひだり》から裕里《ゆり》、父《ちち》、杜夫《もりお》、万里《まり》。

万里《まり》も明《あか》るくいいます。

「そうよね。お父《とう》さまとはしばらく会《あ》えないんですもの。」

裕里《ゆり》は、なにか覚悟《かくご》しているような、お説教《せっきょう》みたいないい方《かた》をする父《ちち》を、少《すこ》し不安《ふあん》に思《おも》いました。

万里《まり》は、明《あか》るく続《つづ》けます。

「お父《とう》さま、今度《こんど》は早《はや》くお帰《かえ》りになれるといいわね。」

「うーん、そうしたいけれど……。」

裕里《ゆり》は、いいよどんでいる父《ちち》の表《ひょう》情《じょう》を見《み》つめていました。

父《ちち》は、家族写真《かぞくしゃしん》におさまり、にぎやかな食事《しょくじ》をしたこの日《ひ》から1週間後《しゅうかんご》に、南方《なんぽう》の任地《にんち》へと向《む》かいました。

3 父《ちち》の帰国《きこく》と鎌倉《かまくら》の生活《せいかつ》

12月8日《がつようか》。日本海軍《かいぐん》が、ハワイ・オアフ島《とう》にある、アメリカの太平洋艦隊《たいへいようかんたい》の基地《きち》にいきなり攻《せ》めこんだ、真珠湾攻撃《しんじゅわんこうげき》の日《ひ》です。

アメリカに大《おお》きな損害《そんがい》をあたえ、日本は喜《よろこ》びにわき立《た》ちました。

しかし、これによってアメリカは日本へのようしゃない反撃《はんげき》をはじめました。

この戦《たたか》いは日本では大東亜戦争《だいとうあせんそう》、アメリカでは太平洋戦争《たいへいようせんそう》と名《な》づけられ、昭和《しょうわ》20年《ねん》8月《がつ》、日本が降伏《こうふく》するまで続《つづ》いたのです。

グアム島全体《とうぜんたい》を日本が占領《せんりょう》したあと、父《ちち》は※内地《ないち》にもどりました。母《はは》をおどろか

※内地《ないち》…日本本国《ほんごく》のこと。

せ、家族《かぞく》を喜《よろこ》ばせるくらい意外《いがい》に早《はや》い帰国《きこく》でした。

帰国《きこく》した父《ちち》は、しげしげと杜夫《もりお》をながめながら、いいました。

「それほど背《せ》はのびていないようだが、元気《げんき》そうでよかった。」

このあと、広島県呉《ひろしまけんくれ》の、※海軍航空技術廠《かいぐんこうくうぎじゅつしょう》の任地《にんち》に、父《ちち》はひとりで向《む》かいました。

家族《かぞく》は、これまでの住《す》まいよりも長《なが》く鎌倉《かまくら》で暮《く》らすことになりました。

くりくりとした目《め》、赤《あか》いほっぺ。丸顔《まるがお》の杜夫《もりお》は、活発《かっぱつ》になる一方《いっぽう》で、母《はは》をはらはらさせていました。

ある日《ひ》、杜夫《もりお》は何人《なんにん》もの友《とも》だちを連《つ》れて、学校《がっこう》から帰《かえ》ってきました。

友《とも》だちは、杜夫《もりお》の家《いえ》の庭《にわ》にある※グミの実《み》が食《た》べたくて、ついてきたのです。

このころのおやつといえば、わずかに砂糖《さとう》をまぶしたいり豆《まめ》くらいです。

たまに、いただきもののこんぺいとうや、べっこうあめなどがあると、杜夫《もりお》は目《め》をかがやかせて、大事《だいじ》そうに食《た》べていました。

しばらく庭《にわ》がにぎわっていました。静《しず》かになったので、母《はは》はふと庭《にわ》を見《み》ました。

ふり向《む》いた杜夫《もりお》が、にいっと笑《わら》い、舌《した》をつき出《だ》して見《み》せました。

杜夫《もりお》だけでなく、みんなの舌《した》の先《さき》が、赤《あか》むらさき色《いろ》に染《そ》まっています。

「ぼくの口《くち》はどう？」

シャツまで赤《あか》むらさき色《いろ》に染《そ》めている子《こ》もいました。

「みんな、おどろかせないで！」

杜夫《もりお》と友《とも》だちは次々《つぎつぎ》にグミの木《き》に手《て》をのばします。

グミの木《き》は、たくさんの小鳥《ことり》に実《み》をついばまれたように、数日《すうじつ》のうちに丸《まる》はだかになってしまいました。

※海軍航空技術廠《かいぐんこうくうぎじゅつしょう》…海軍《かいぐん》の飛行機《ひこうき》の技術研究《ぎじゅつけんきゅう》などを行《おこな》う機関《きかん》。

※グミ…グミ科《か》の木《き》。赤《あか》い実《み》をつける。

このころ、杜夫《もりお》には同《おな》じ組《くみ》の林治美《はやしはるよし》という親友《しんゆう》がいました。

治美《はるよし》とはよく遊《あそ》びますが、勉強《べんきょう》ではよきライバルでした。

おたがいの家族《かぞく》に軍人《ぐんじん》がいるせいか、母親《ははおや》どうしも共通《きょうつう》の話《はなし》ができるので、仲《なか》がよかったのです。

1944（昭和《しょうわ》19）年《ねん》、もうすぐ杜夫《もりお》が6年生《ねんせい》という春休《はるやす》みのこと。

杜夫《もりお》は治美《はるよし》のさそいで、※厚木《あつぎ》の海軍航空隊《かいぐんこうくうたい》を訪《たず》ねることになりました。

治美《はるよし》には年《とし》のはなれたお兄《にい》さんがいました。そのころ、お兄《にい》さんは、※ニューギニア方面《ほうめん》で敵機《てっき》と戦《たたか》って無事《ぶじ》に帰国《きこく》し、海軍航空隊《かいぐんこうくうたい》の訓練生《くんれんせい》の教官《きょうかん》になっていたのです。

鎌倉《かまくら》から厚木《あつぎ》までは電車《でんしゃ》を乗《の》りかえながらの長旅《ながたび》です。往復《おうふく》するだけでも半日《はんにち》はかかります。ふたりにとっては、わくわくするぼうけん旅行《りょこう》です。

しかも、一般《いっぱん》の人《ひと》がめったに入《はい》れない基地《きち》に、子《こ》どもが入《はい》るのです。

おそるおそる門《もん》をくぐると、兵隊《へいたい》さんが待《ま》っていて、格納庫《かくのうこ》に案内《あんない》してくれました。静《しず》まり返《かえ》っている格納庫《かくのうこ》には、冷《つめ》たい空気《くうき》が満《み》ちています。

そのまんなかに、※零式艦上戦闘機《れいしきかんじょうせんとうき》（ゼロ戦《せん》）がありました。

はじめて本物《ほんもの》のゼロ戦《せん》を目《め》の前《まえ》にした杜夫《もりお》の足《あし》は、すくんでしまいました。

「やあ、きみが杜夫《もりお》くんか。治美《はるよし》と仲《なか》よくしてくれてありがとう。」

お兄《にい》さんは、杜夫《もりお》が見上《みあ》げるほど背《せ》が高《たか》く、堂々《どうどう》としています。

※厚木《あつぎ》…現在《げんざい》の神奈川県厚木市《かながわけんあつぎし》。※ニューギニア…オーストラリアの北《きた》にあるニューギニア島《とう》。※零式艦上戦闘機《れいしきかんじょうせんとうき》…日本海軍《かいぐん》の主力戦闘機《しゅりょくせんとうき》。

杜夫《もりお》は、緊張《きんちょう》のあまり、きちんとあいさつすることができませんでした。

お兄《にい》さんはコツコツと靴《くつ》の音《おと》をひびかせながら、格納庫《かくのうこ》のなかをゼロ戦《せん》のほうに歩《ある》き、小走《こばし》りにあとをついていく治美《はるよし》と杜夫《もりお》を、すばやくかかえ上《あ》げました。

「きみたちは特別《とくべつ》だ。子《こ》どもがこれに乗《の》ることはないからね。」

ふたりは、操縦席《そうじゅうせき》に座《すわ》らされました。

杜夫《もりお》は声《こえ》を出《だ》すこともできません。操縦《そうじゅう》かんにそっと手《て》を出《だ》した杜夫《もりお》の手《て》に、冷《つめ》たい鉄《てつ》の感触《かんしょく》が伝《つた》わってきます。

うっすらと油《あぶら》のにおいがします。

「操縦席《そうじゅうせき》って、ずいぶんせまいね。」

杜夫《もりお》の声《こえ》はうわずっていました。

「ほんとだ。きゅうくつだね。これで敵《てっ》機《き》と戦《たたか》うのか。」

治美《はるよし》も、あちこちさわっては、感心《かんしん》しています。

「これはね、飛行機《ひこうき》の勉強《べんきょう》をして、たくさん訓練《くんれん》して、選《えら》ばれた人《ひと》しか乗《の》れないんだよ。」

「お兄《にい》さんは、乗《の》るんですか？」

杜夫《もりお》の質問《しつもん》に、お兄《にい》さんはうなずきました。

「兄《にい》さんは、いろんな飛行機《ひこうき》に乗《の》っているんだよね。」

治美《はるよし》が口《くち》をはさみました。

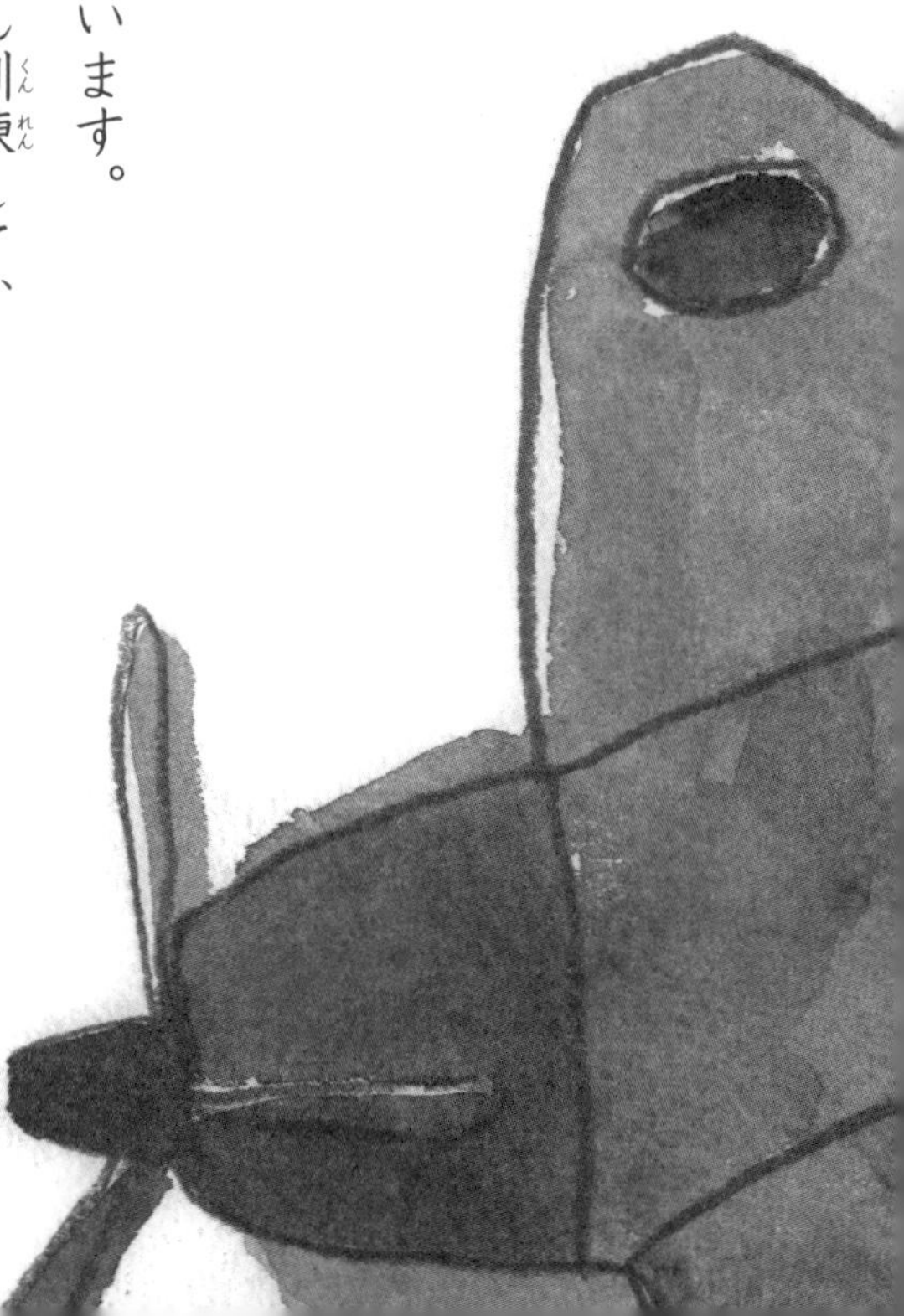

「いいなあ、ハーちゃんはお兄《にい》さんがいて。ぼくにはいないからなあ。」

杜夫《もりお》は、治美《はるよし》を心《こころ》の底《そこ》からうらやましく思《おも》いました。

「モーちゃんには、りっぱなお父《とう》さんがいるじゃないか。」

お兄《にい》さんは、杜夫《もりお》には海軍将校《かいぐんしょうこう》がかぶる帽子《ぼうし》を、治美《はるよし》には※飛行帽《ひこうぼう》をかぶせてくれました。ふたりが帽子《ぼうし》のとりかえっこをしていると、

「ほらっ、こっちを向《む》いて。」

そういって、お兄《にい》さんは記念《きねん》の写真《しゃしん》

治美《はるよし》（左《ひだり》）と杜夫《もりお》。治美《はるよし》は将校《しょうこう》の帽子《ぼうし》をかぶり、杜夫《もりお》は飛行帽《ひこうぼう》をかぶって、大喜《おおよろこ》びだった。

を撮《と》ってくれました。

こんなにほこらしいことは、今《いま》までありませんでした。これからもありえないでしょう。夢《ゆめ》のようなできごとでした。

まだありました。基地《きち》のなかの食堂《しょくどう》でごはんをごちそうになったのです。

「麦《むぎ》がいっぱい入《はい》っているね。」

「でもおいしいよ。」

ひそひそ話《はな》していると、軍人《ぐんじん》さんのお弁当《べんとう》までもらいました。

ごきげんなふたりでした。

軍人《ぐんじん》になって、いざ戦争《せんそう》になったとき、祖国《そこく》日本を守《まも》ることは、多《おお》くの男《おとこ》の子《こ》のあこがれで、使命《しめい》だと思《おも》われていたころです。

「ぼくもあんなふうになりたいなあ。」

杜夫《もりお》はため息《いき》をついていいました。

※飛行帽《ひこうぼう》…飛行機《ひこうき》に乗《の》るときにかぶる帽子《ぼうし》。

治美《はるよし》は得意気《とくいげ》に、お兄《にい》さんの話《はなし》を続《つづ》けます。

「兄《にい》さんて、お国《くに》のために役《やく》に立《た》つことは、自分《じぶん》から願《ねが》い出《で》て、先頭《せんとう》に立《た》ってやるんだって。とっても勇気《ゆうき》があるんだ。」

「へえーっ。」

杜夫《もりお》は、治美《はるよし》がどんなにお兄《にい》さんの自慢《じまん》をしてもいいと思《おも》いました。飛行機《ひこうき》の説明《せつめい》をしてくれている横顔《よこがお》も後《うし》ろ姿《すがた》も、まぶしいくらいでした。治美《はるよし》のお兄《にい》さんは、杜夫《もりお》のあこがれの人《ひと》になったのです。

治美《はるよし》のお兄《にい》さんは、家《いえ》ではどんな人《ひと》なんだろう。うちのお父《とう》さんみたいに、あまりしゃべらないのかなあ。

日《ひ》ごろの父《ちち》のようすを見《み》ている杜夫《もりお》にとって、気《き》になるところです。帰《かえ》りの電車《でんしゃ》では、ふたりはそれぞれに思《おも》いをふくらませていました。興奮《こうふん》がなかなかおさまらないのに、その気持《きも》ちをおさえたまま家《いえ》に帰《かえ》りました。

4 悲《かな》しい知《し》らせ

1945（昭和《しょうわ》20）年《ねん》春《はる》。

杜夫《もりお》の感動《かんどう》のゼロ戦搭乗記念日《せんとうじょうきねんび》から、1年《ねん》が過《す》ぎました。※藤沢《ふじさわ》の※中学校《ちゅうがっこう》への入学《にゅうがく》が決《き》まっていた杜夫《もりお》は、その手続《てつづ》きもすんでいたので、気持《きも》ちをこれからの学校生活《がっこうせいかつ》に向《む》けようとしました。

そして、4月《がつ》の終《お》わりのこと。杜夫《もりお》の心《こころ》を打《う》ちのめすような知《し》らせがありました。あの日《ひ》、杜夫《もりお》をとりこにした治美《はるよし》のお兄《にい》さんの戦死《せんし》です。

「あの子《こ》は敵《てき》の飛行機《ひこうき》に突撃《とつげき》して、任務《にんむ》をはたして散《ち》ったということです。」

杜夫《もりお》の母《はは》に話《はな》している、治美《はるよし》の母親《ははおや》の声《こえ》がふるえていました。

1週間《しゅうかん》ほど前《まえ》、鹿児島県《かごしまけん》の※国分《こくぶ》の基地《きち》から、紫電改《しでんかい》という名《な》の新型戦闘機《しんがたせんとうき》で南《みなみ》の海《うみ》に向《む》けて飛《と》び立《た》ったといいます。

※藤沢《ふじさわ》…神奈川県藤沢市《かながわけんふじさわし》。※中学校《ちゅうがっこう》…旧制中学校《きゅうせいちゅうがっこう》のこと。6年間《ねんかん》の小学校卒業後《しょうがっこうそつぎょうご》に進学《しんがく》する5年間《ねんかん》の学校《がっこう》。
※国分《こくぶ》…現在《げんざい》の鹿児島県霧島市《かごしまけんきりしまし》の一部《いちぶ》。

家族《かぞく》にその「見事《みごと》な戦死《せんし》」が伝《つた》えられると、三重野家《みえのけ》にも知《し》らせてくれたのでした。

「届《とど》けられた※白木《しらき》の箱《はこ》には突撃《とつげき》した日時《にちじ》を書《か》いた紙《かみ》と、石《いし》ころがひとつ入《はい》っていました。なぜ石《いし》ころなんでしょう。なぜ……。」

とぎれとぎれに話《はな》す治美《はるよし》の母親《ははおや》に、だれもなぐさめの言葉《ことば》をかけることができません。

ようやく杜夫《もりお》の母《はは》が、力《ちから》のこもった声《こえ》でいいました。

「ごりっぱに任務《にんむ》をとげられたのですね。ごりっぱな最期《さいご》だったのですね。」

その夜《よる》、杜夫《もりお》は、治美《はるよし》とならんで撮《と》っても

らった記念写真《きねんしゃしん》を胸《むね》にして、眠《ねむ》りました。ゼロ戦《せん》の操縦席《そうじゅうせき》にかかえ上《あ》げてもらったときの、お兄《にい》さんの大《おお》きな手《て》のぬくもりが、よみがえってくるようでした。

またしても父《ちち》に、転任命令《てんにんめいれい》です。

呉《くれ》と同《おな》じ広島《ひろしま》の※軍需省《ぐんじゅしょう》で、幸《さいわ》いにもしばらくは、海外《かいがい》に出《で》ることはないということです。今度《こんど》は家族《かぞく》がいっしょに暮《く》らせます。

三重野家《みえのけ》にとっては、あたりまえの引《ひ》っ越《こ》しです。おどろくことはありません。

ただ、万里《まり》は、体調《たいちょう》がすぐれない日《ひ》が続《つづ》いていました。

もともと体《からだ》が弱《よわ》く、体力《たいりょく》もない万里《まり》は、進学《しんがく》した専門学校《せんもんがっこう》を休《やす》みがちになっていました。そこで、思《おも》いきって退学《たいがく》していました。

学校《がっこう》といっても、毎日《まいにち》、気《き》を引《ひ》きしめるための白《しろ》はちまきを持《も》って登校《とうこう》し、ふり分《わ》けられた軍需工場《ぐんじゅこうじょう》などへ動員《どういん》されて、授業《じゅぎょう》があるわけではなかったからです。

※白木《しらき》の箱《はこ》…遺骨《いこつ》をおさめる、何《なに》もぬっていない箱《はこ》。※軍需省《ぐんじゅしょう》…軍関係《ぐんかんけい》の物資《ぶっし》の増産《ぞうさん》のために設《もう》けられた省《しょう》。

裕里《ゆり》も女学校《じょがっこう》に入《はい》りましたが、勤労動員先《きんろうどういんさき》の工場《こうじょう》へ行《い》く毎日《まいにち》でした。

このまま、新学期《しんがっき》も教室《きょうしつ》での勉強《べんきょう》はできないでしょう。でも、住《す》み心地《ごこち》のよい鎌倉《かまくら》の地《ち》を、家族《かぞく》ははなれたくありませんでした。

「ここが好《す》き。わたしだけ、この家《いえ》にいようかしら。」

万里《まり》は、真剣《しんけん》にいいました。万里《まり》にとっては、引《ひ》っ越《こ》しのための移動《いどう》だけでも、ひどく疲《つか》れるに決《き》まっています。

母《はは》は、とんでもないという顔《かお》で、首《くび》をふりました。

「杜夫《もりお》にはここで中学《ちゅうがく》を卒業《そつぎょう》させたい。鎌倉《かまくら》で過《す》ごせるものならそうさせてやりたいけれど、無理《むり》だとおっしゃるの。」

これから食《しょく》りょうは不足《ふそく》していく一方《いっぽう》だし、いつ空襲《くうしゅう》があるかわからないので、まだ安心《あんしん》できる広島《ひろしま》に行《い》くのがいいだろう。それが父《ちち》の考《かんが》えだというのです。

「なのに、万里《まり》が鎌倉《かまくら》に残《のこ》るなんて、お許《ゆる》しにならないわ。」

母《はは》は、きっぱりといいました。

父《ちち》が心配《しんぱい》したのは、3月10日未明《がつとおかみめい》には、東京《とうきょう》の下町《したまち》一帯《いったい》が※B《ビー》29の空襲《くうしゅう》にあい、たくさんの人《ひと》の命《いのち》がうばわれていたからです。

焼《や》け出《だ》されて着《き》のみ着《き》のままの人《ひと》たちが、鎌倉《かまくら》までやって来《き》ていました。必死《ひっし》に火《ひ》からのがれてきたのか、かみの毛《け》は乱《みだ》れ、顔《かお》はすすけ、着物《きもの》は破《やぶ》れかけていました。うつろな目《め》で、とぼとぼ歩《ある》いていました。

知《し》り合《あ》いをたよって来《き》た人《ひと》たちなのでしょうか。

若《わか》い女《おんな》の人《ひと》に手《て》を引《ひ》かれているおばあさんがいます。また、そのおばあさんに、家《いえ》から出《で》て追《お》いかけていって、なにか食《た》べ物《もの》を手《て》わたしている人《ひと》がいました。

これから鎌倉《かまくら》にも、戦火《せんか》がのびてくるかもしれません。

※B《ビー》29…アメリカ軍《ぐん》の大型爆撃機《おおがたばくげきき》。東京《とうきょう》だけではなく、日本中《じゅう》の都市《とし》の空襲《くうしゅう》で使《つか》われた。

5 家族《かぞく》そろっての生活《せいかつ》

ある日《ひ》。

「お父《とう》さまからよ。」

手紙《てがみ》を広《ひろ》げる母《はは》のもとに、子《こ》どもたちは集《あつ》まりました。

「広島《ひろしま》では、まだおいもやキャベツも買《か》えるんですって。」

「広島《ひろしま》に行《い》けば、またみんなで暮《く》らせるね。バンザーイ。」

喜《よろこ》んだのは、杜夫《もりお》です。

「広島《ひろしま》は空襲《くうしゅう》もないし、食《しょく》りょうが手《て》に入《はい》るのなら安心《あんしん》ね。それに、軍人《ぐんじん》さんになるモーちゃんは、お父《とう》さまのおそばにいるのが一番《いちばん》。」

母《はは》のうれしそうな顔《かお》が、万里《まり》と裕里《ゆり》を安心《あんしん》させました。

「まさか、B《ビー》29は広島《ひろしま》で爆弾《ばくだん》を落《お》とさないでしょうね？」

裕里《ゆり》がひとり言《ごと》のようにいいました。

「お姉《ねえ》ちゃまは、こわがりだからなあ。」

すかさず杜夫《もりお》が裕里《ゆり》をからかいながら、急《いそ》いでにげていきましたが、裕里《ゆり》は追《お》いかけませんでした。

やがて、夜中《よなか》にぶきみな爆音《ばくおん》を立《た》てながら、B《ビー》29の大編隊《だいへんたい》が相模湾《さがみわん》の上空《じょうくう》をおおいつくす日《ひ》が多《おお》くなりました。夜《よる》もゆっくり寝《ね》てはいられません。

4月末《がつすえ》、いよいよ広島《ひろしま》に引《ひ》っ越《こ》す日《ひ》です。

最低限《さいていげん》の身《み》のまわりのものをそれぞれが持《も》つと、引《ひ》っ越《こ》し隊《たい》の出発《しゅっぱつ》です。

駅《えき》は、※疎開《そかい》する人《ひと》たちでごった返《がえ》していました。いきなりの空襲《くうしゅう》で家《いえ》を失《うしな》った人《ひと》たちもいます。

多《おお》くの人《ひと》が、背負《せお》えるだけの荷物《にもつ》を持《も》ちこんでいるので、まるで押《お》しくらまんじゅう状態《じょうたい》でした。行《い》った先《さき》ですぐに使《つか》うものを、持《も》てるだけ持《も》って列車《れっしゃ》に乗《の》りこんできます。

ようやく乗《の》れた列車《れっしゃ》は、それらの荷物《にもつ》のせいで、身動《みうご》きさえできないほどこんでいます。荷物《にもつ》の間《あいだ》にはさまれて、立《た》ったまま眠《ねむ》っている人《ひと》もいました。

それでも、三重野家《みえのけ》の子《こ》どもたちは、また家族《かぞく》5人《にん》で暮《く》らせることに、期待感《きたいかん》がふくらんでいました。

新《あたら》しい住《す》まいは、広島市内《ひろしましない》の中心部《ちゅうしんぶ》に近《ちか》い楠木町《くすのきちょう》という町《まち》です。すでに父《ちち》が一軒家《いっけんや》を用意《ようい》していました。

1か月《げつ》も通《かよ》わなかった藤沢《ふじさわ》の中学校《ちゅうがっこう》とさよならした杜夫《もりお》は、※広島県立広島第一《ひろしまけんりつひろしまだいいち》中学校《ちゅうがっこう》への転校《てんこう》の手続《てつづ》きをすると、すぐに通学開始《つうがくかいし》です。裕里《ゆり》も県立《けんりつ》の女学校《じょがっこう》へ。

万里《まり》は体調《たいちょう》を見《み》ながら、母《はは》を助《たす》けて家事《かじ》をすることになりました。

「モーちゃん、1年生《ねんせい》には勤労動員《きんろうどういん》はかからないの。きっと広島《ひろしま》の学校《がっこう》には、鎌倉《かまくら》とはちがう楽《たの》しさがあるかもしれないわね。」と、万里《まり》。

※疎開《そかい》…空襲《くうしゅう》などに備《そな》えて、いなかなどに移動《いどう》すること。　※広島県立広島第一中学校《ひろしまけんりつひろしまだいいちちゅうがっこう》…現在《げんざい》の広島県立広島国泰寺高校《ひろしまけんりつひろしまこくたいじこうこう》。

「そうね、わたしは2年生《ねんせい》になってから、軍需工場行《ぐんじゅこうじょうい》きだったけれど、そのうち一年生《ねんせい》も動員《どういん》されるかもしれない。今《いま》のうちにがんばって。」

裕里《ゆり》も、杜夫《もりお》をはげますつもりでいいました。

「裕里《ゆり》お姉《ねえ》ちゃまも、ぼくを応援《おうえん》してくれているの？」

「あたりまえじゃない。わたしはモーちゃんが大好《だいす》きなのよ。」

杜夫《もりお》は、めずらしく、裕里《ゆり》の話《はなし》に耳《みみ》をかたむけているようでした。

「中学生《ちゅうがくせい》のモーちゃん、広島《ひろしま》でけんかするのはやめようね。」

すると、杜夫《もりお》はすかさずいい返《かえ》してきました。

「なにいってるの。いつもお姉《ねえ》ちゃまがしかけてくるくせに。」

やっぱりいつもの杜夫《もりお》でした。

ところが、こんなおだやかな時間《じかん》は、長《なが》くは続《つづ》きませんでした。

また引《ひ》っ越《こ》さなければならなくなったのです。

家《いえ》のある場所《ばしょ》が、建物疎開《たてものそかい》といって、空襲《くうしゅう》があったときの燃《も》え広《ひろ》がりを防《ふせ》ぐために、こわされることになったのです。

落《お》ちつけるはずの家《いえ》は、その対象《たいしょう》の場所《ばしょ》に指定《してい》されたのでした。

とてもすぐに家《いえ》を見《み》つけることなどできません。

そこで、軍《ぐん》が借《か》り受《う》けているという、大《おお》きな会社《かいしゃ》の空《あ》き室《しつ》のある寮《りょう》に入《はい》ることになりました。

新《あたら》しい住《す》まいになる場所《ばしょ》は、広島市内《ひろしましない》から西《にし》のほうへ7キロメートルほど行《い》ったところの※井口村《いのくちむら》です。

5月《がつ》。せき立《た》てられるようにして移《うつ》った住《す》まいは、軍需工場《ぐんじゅこうじょう》に勤《つと》める人《ひと》のために借《か》り受《う》けられている、病院《びょういん》だった2階建《かいだ》ての建物《たてもの》です。

※井口村《いのくちむら》…現在《げんざい》の広島市西区《ひろしましにしく》の一部《いちぶ》。

三重野《みえの》家《け》は、２階《かい》の事務室《じむしつ》のうち、４室《しつ》を使《つか》わせてもらうことになったのでした。もと病室《びょうしつ》の１階《かい》には、すでに生活《せいかつ》している人《ひと》がいました。

家族《かぞく》５人《にん》にとってはじゅうぶんな広《ひろ》さですが、なんだか殺風景《さっぷうけい》です。

まず、杜夫《もりお》が口《くち》をとがらせました。

「ぼく、今《いま》までのような家《いえ》がいいな。」

「モーちゃん、ぜいたくはいえないのよ。戦争《せんそう》が終《お》われば、気《き》に入《い》るおうちをさがせるの。それまで、がまん、がまん。」

母《はは》は、幼《おさな》い子《こ》にいい聞《き》かせるように、杜夫《もりお》をたしなめました。

「じゃあ、いつ戦争《せんそう》は終《お》わるの？」

「……。」

だれも答《こた》えられません。

6 勤労動員《きんろうどういん》の毎日《まいにち》

杜夫《もりお》は、元気《げんき》よく通学《つうがく》をはじめました。

「お父《とう》さま、お母《かあ》さま、お姉《ねえ》ちゃま、行《い》ってまいります。」

小《ちい》さいころから身《み》についている杜夫《もりお》の礼儀正《れいぎただ》しいあいさつは、母《はは》の自慢《じまん》でもありました。

杜夫《もりお》は、中学校生活《ちゅうがっこうせいかつ》にすぐになれて、広島弁《ひろしまべん》もどんどん覚《おぼ》え、「ほじゃけんのう。」※などといって、家族《かぞく》を笑《わら》わせていました。

7月下旬《がつげじゅん》。戦争《せんそう》をしていないときならば、夏休《なつやす》みのはずです。今《いま》は休《やす》みがないばかりか、2年生以上《ねんせいいじょう》だった勤労動員《きんろうどういん》が、1年生《ねんせい》にもかかるようになりました。

一中生《いっちゅうせい》は、広島市内《ひろしましない》は徒歩通学《とほつうがく》と決《き》められていました。

※「ほじゃけんのう」…「だからさあ」という意味《いみ》。

杜夫《もりお》は※己斐駅《こいえき》まで電車《でんしゃ》で行《い》き、そこに集《あつ》まった生徒《せいと》たちと集団登校《しゅうだんとうこう》します。

「みんなそろったな。でも三重野《みえの》は見《み》えんのう。」

点呼《てんこ》をとっている当番《とうばん》の生徒《せいと》はおでこに手《て》を当《あ》てて、辺《あた》りをながめまわし、

「ほんまじゃ、見《み》えんのう。」

ほかの生徒《せいと》も、背《せ》の低《ひく》い杜夫《もりお》をからかいますが、杜夫《もりお》は、そんな言葉《ことば》にはおかまいなし。

にこにこしながら、みんなの目《め》の前《まえ》で、はねてみせていました。広島《ひろしま》の友《とも》だちとも、すっかり仲よくなっていたのです。

点呼《てんこ》がすむと、整列《せいれつ》して足《あし》なみをそろえて出発《しゅっぱつ》。

途中《とちゅう》で軍人《ぐんじん》さんを見《み》かけると、乱《みだ》れていた足《あし》なみをそろえて、

「敬礼《けいれい》!」

そして、しばらく歩《ある》くと、またふざけたりしていました。

8月《がつ》に入《はい》ると、勤労動員《きんろうどういん》の作業《さぎょう》はきつくなりました。

動員《どういん》された生徒《せいと》たちの主《おも》な仕事《しごと》は、銃器《じゅうき》や航空機《こうくうき》の部品《ぶひん》を作《つく》っている工場《こうじょう》での手伝《てつだ》いです。

学校《がっこう》によって行《い》く先《さき》を指定《してい》され、生徒《せいと》はふり分《わ》けられます。

鎌倉《かまくら》にいるとき、裕里《ゆり》たち女学生《じょがくせい》は、武器《ぶき》の部品《ぶひん》を※旋盤《せんばん》でけずるこまかい作業《さぎょう》をしたことがありました。

広島《ひろしま》の女学生《じょがくせい》にも同《おな》じような仕事《しごと》で動員《どういん》がかかり、行《い》く先《さき》の工場《こうじょう》はときどきかわりました。

そして、中学《ちゅうがく》1年生《ねんせい》の杜夫《もりお》にも、動員《どういん》がかかりました。

建物疎開《たてものそかい》の作業《さぎょう》をすることになったのです。

少《すこ》し前《まえ》の動員《どういん》での麦《むぎ》かり作業中《さぎょうちゅう》に、杜夫《もりお》は使《つか》いなれないかまで、左手《ひだりて》のこうにけがをしてしまったことがありました。

※己斐駅《こいえき》…現在《げんざい》の西広島駅《にしひろしまえき》。　※旋盤《せんばん》…加工《かこう》するものを回転《かいてん》させながら、穴《あな》を開《あ》けたり、けずったりする工作機械《こうさくきかい》。

包帯《ほうたい》をしている杜夫《もりお》に、父《ちち》はきびしくいいました。

「注意力《ちゅういりょく》があればそんな目《め》にあわない。気《き》をつけなさい！」

「なぜ麦《むぎ》かりがお国《くに》のためになるのか。」と、口答《くちごた》えなどできないので、杜夫《もりお》は血《ち》のにじむ手《て》のこうを見《み》つめていました。

それが今度《こんど》は、建物《たてもの》をこわす作業《さぎょう》だというのです。

１年生《ねんせい》は６学級《がっきゅう》あり、奇数学級《きすうがっきゅう》、偶数学級《ぐうすうがっきゅう》に分《わ》かれ、１時間《じかん》おきに作業《さぎょう》します。待機組《たいきぐみ》は教室《きょうしつ》で自習《じしゅう》することになっています。

はじめのうちは、木《き》くずなどのこまかいゴミ集《あつ》めの作業《さぎょう》でしたが、しだいに大人《おとな》にまじって、力仕事《ちからしごと》をしなければならなくなりました。

多《おお》くの男《おとこ》の人《ひと》が兵隊《へいたい》さんや工員《こういん》さんになり、人手《ひとで》が足《た》りなくなったので、農家《のうか》の女《おんな》の人《ひと》も出《で》ていました。

住人《じゅうにん》が疎開《そかい》して空家《あきや》になっている家《いえ》もありました。

つい最近《さいきん》まで住《す》んでいた人《ひと》が世話《せわ》をしていたのか、ヒマワリやマツバボタンが育《そだ》ちはじめていました。

まもなく花《はな》をつけるはずです。

家《いえ》のなかには赤《あか》ちゃんのおもちゃなどが、転《ころ》がっています。

杜夫《もりお》はふと、鎌倉《かまくら》の家《いえ》を思《おも》い出《だ》し、こみ上《あ》げてくるものがありましたが、ぼんやりとしてはいられません。

「さっさと仕事《しごと》にかかれっ！」

家《いえ》の柱《はしら》に太《ふと》いつなをつけて、

「1、2、3、よいしょ！」

作業《さぎょう》を仕切《しき》っている地域《ちいき》の人《ひと》たちといっしょに、家《いえ》を引《ひ》っぱりたおすのです。

ほこりがまい上《あ》がり、いっそう暑苦《あつくる》しく、のどはかわくし、さんざんです。

でも、たまに、「ご苦労《くろう》さん。きみたちの力《ちから》があるから助《たす》かるよ。」と、ねぎらいの言《こと》葉《ば》をかけてくれる人《ひと》もいました。

「かわらはこわさないようにして、一《いっ》か所《しょ》に集《あつ》めて。」

「材木《ざいもく》は長《なが》さや太《ふと》さを見《み》ながら、こっちに集《あつ》めて。」

使《つか》えるものは粗末《そまつ》にできません。かわらや木《き》を、※大八車《だいはちぐるま》に積《つ》みこんでいきます。食《しょく》りょうはもとより、いろんなものが不《ふ》足《そく》していく一方《いっぽう》の時期《じき》でした。

※大八車《だいはちぐるま》……大《おお》きな車輪《しゃりん》が左右《さゆう》にひとつずつついた木製《もくせい》の荷車《にぐるま》。

7 「8月《がつ》6日《むいか》」、運命《うんめい》の日《ひ》

その日《ひ》は、朝《あさ》から太陽《たいよう》が照《て》りつけていました。

杜夫《もりお》は、いつものように、制服《せいふく》を着《き》て学帽《がくぼう》をかぶると、足《あし》にくるくると※ゲートルを巻《ま》きつけました。

足《あし》を守《まも》るためのゲートルは、子《こ》どもにはなかなかしっかり巻《ま》けません。それがうまくできたのです。

杜夫《もりお》はうれしそうに、裕里《ゆり》にほほえみかけました。

「見《み》て、お姉《ねえ》ちゃま。きょうはきれいに巻《ま》けたよ。」

「ほんとうね。どこから見《み》ても、りっぱな中学生《ちゅうがくせい》ね。」

中学《ちゅうがく》の制服《せいふく》は、父《ちち》の軍服《ぐんぷく》のお古《ふる》を仕立《した》て直《なお》した母《はは》の苦心作《くしんさく》。

学帽《がくぼう》や靴《くつ》は、知《し》り合《あ》いをたどって手《て》に入《い》れたおさがりです。

「モーちゃんはこれから大《おお》きくなるはず。ゆったりめにしておきましょう。」

母《はは》は、くふうを凝《こ》らしてシャツにもズボンにも、ゆとりをもたせてぬい上《あ》げていました。

杜夫《もりお》は、背筋《せすじ》をピンとのばすと、

「では、お父《とう》さま、お母《かあ》さま、お姉《ねえ》ちゃま、行《い》ってまいります。」と、いつものようにあいさつしました。

「モーちゃんは、中学生《ちゅうがくせい》らしくなりましたね。」

「これからが楽《たの》しみだ。あとは早《はや》く戦争《せんそう》が終《お》わることを望《のぞ》むばかりだ。」

父母《ふぼ》のなごやかな会話《かいわ》でした。

道路《どうろ》に出《で》た杜夫《もりお》は、一度《いちど》だけ２階《かい》の窓《まど》の家族《かぞく》を見上《みあ》げ、小《ちい》さく手《て》をふると、育《そだ》ちはじめた稲《いね》の間《あいだ》に消《き》えていきました。

※ゲートル…足首《あしくび》からひざまでをおおうように巻《ま》きつける細長《ほそなが》い布《ぬの》。軍隊《ぐんたい》で用《もち》いられた。

はじめの作業組《さぎょうぐみ》の杜夫《もりお》たちは、短《みじか》い朝礼《ちょうれい》のあとに作業場《さぎょうば》へ。

じりじりと照《て》りつける太陽《たいよう》は、まだ8時前《じまえ》だというのに、いつにも増《ま》してきびしいので、作業場《さぎょうば》に向《む》かいながら、

「きょうはとくに暑《あつ》いなあ。」

学帽《がくぼう》をとり、シャツをぬぎはじめた生徒《せいと》がいます。

でも、杜夫《もりお》は、胸《むね》に名札《なふだ》がぬいつけられている、シャツをぬぎませんでした。

「なにかあったときのためにも、名札《なふだ》は大事《だいじ》なのよ。」と、先生《せんせい》や裕里《ゆり》に注意《ちゅうい》されていたことを守《まも》っていました。

作業《さぎょう》にかかる前《まえ》、7時過《じす》ぎに※警戒警報発令《けいかいけいほうはつれい》のサイレンが鳴《な》りひびきました。よくあることです。

しばらくようすを見《み》ながら待機《たいき》です。B《ビー》29は上空《じょうくう》を飛《と》び去《さ》っていきました。

そして警報《けいほう》は解除《かいじょ》。作業開始《さぎょうかいし》です。

この日《ひ》は、いつもより多《おお》くの人《ひと》が作業《さぎょう》にあたっていました。それだけ急《いそ》いでいたのです。

ほかの学校《がっこう》の生徒《せいと》、となり組《ぐみ》のおじさん、おばさん、近《ちか》くの農村《のうそん》から来《き》ていた人《ひと》などで、とてもにぎやかな作業場《さぎょうば》でした。

だれかが気《き》づきました。

「あっ、※落下傘《らっかさん》だ！」

晴《は》れ上《あ》がった空《そら》から、落下傘《らっかさん》（パラシュート）がなにかをつるして、ゆらゆらと下《お》りてきました。

「なんじゃ？　あれは。」

「なにかの合図《あいず》か？」

※警戒警報《けいかいけいほう》…空襲《くうしゅう》のおそれがあるときに出《だ》される警報《けいほう》。※落下傘《らっかさん》…B《ビー》29から投下《とうか》された、原爆《げんばく》を観測《かんそく》するための装置《そうち》がつけられていた。

その直後《ちょくご》、
だれもが見《み》たことのないような、
オレンジ色《いろ》の強《つよ》い光《ひかり》が、
杜夫《もりお》たちを包《つつ》みました。
アメリカの新型爆弾《しんがたばくだん》、
原子爆弾《げんしばくだん》の投下《とうか》でした。

杜夫《もりお》が出《で》かけたあと、母《はは》、万里《まり》、裕里《ゆり》の3人《にん》は、出勤《しゅっきん》する父《ちち》を見送《みおく》り、部屋《へや》でとりとめのないおしゃべりをしていました。

この日《ひ》の裕里《ゆり》は、翌日《よくじつ》からかわる動員先《どういんさき》に備《そな》えての休暇《きゅうか》でした。

「モーちゃんは、建物《たてもの》をこわす仕事《しごと》はいやだといって、お父《とう》さまにしかられていたわね。」

「そうね、広島《ひろしま》になんのために来《き》たんだか、わからないって、ふくれっ面《つら》してた。」

「※国家総動員《こっかそうどういん》といって、お国《くに》のためにみんなが働《はたら》かなければならない。だから、文句《もんく》をいってはいけないのよね。」などと、話《はな》していました。

と、そのときです。開《あ》け放《はな》していた窓《まど》から、反対側《はんたいがわ》の窓《まど》に向《む》かって、青《あお》い光《ひかり》の帯《おび》がゆっくりと通《とお》りぬけました。

3人《にん》は顔《かお》を見合《みあ》わせ、首《くび》をかしげました。

※国家総動員《こっかそうどういん》…人《ひと》やものなど生活《せいかつ》の全《すべ》てを、戦争《せんそう》を続《つづ》けるためにかり出《だ》すこと。1938（昭和《しょうわ》13）年《ねん》に国家《こっか》総動員法《そうどういんほう》という法律《ほうりつ》ができた。

地《じ》ひびきとともに大《おお》きな音《おと》がしました。
部屋《へや》がゆれ、ガラスがビリビリビリ。
ほかの部屋《へや》でガラスがわれたのか、
かけらが落《お》ちるような音《おと》もしました。
こんな不思議《ふしぎ》な青《あお》い光《ひかり》も、こんな音《おと》もはじめてです。
「今《いま》の光《ひかり》はなに？」
３人《にん》は急《いそ》いで、階段《かいだん》をかけ下《お》りて外《そと》に出《で》てみました。
広島《ひろしま》の街《まち》の方向《ほうこう》の空《そら》に、ぶきみで巨大《きょだい》な白《しろ》い雲《くも》が、
まるで生《い》き物《もの》のようにもくもくと上《あ》がっています。
階下《かいか》に住《す》んでいる人《ひと》たちも外《そと》に出《で》て、ただ、空《そら》をながめていました。

父《ちち》が10時過《じす》ぎに帰《かえ》ってきました。

勤務先《きんむさき》まで行《い》けずに、歩《ある》いてもどってきたのでした。

こんなことはこれまでにはなかったこと。異常事態《いじょうじたい》です。

父《ちち》は興奮《こうふん》しながら、話《はな》しました。


出勤《しゅっきん》の途中《とちゅう》に、爆弾《ばくだん》が投下《とうか》されたというのです。

乗《の》りかえの※市電《しでん》の停留所《ていりゅうじょ》で、まぶしい光《ひかり》と地面《じめん》をゆるがす音《おと》にあったのです。

目《め》を開《あ》けていられないほどの白《しろ》っぽい光《ひかり》でした。

そこにいた人《ひと》たちとともに、その場《ば》に身《み》をふせました。

地面《じめん》にへばりついていなければ、飛《と》ばされてしまいそうな、熱《あつ》い風《かぜ》がうずを巻《ま》きながらふいています。

しばらく頭《あたま》をかかえたまま、ふせていました。

ようやく頭《あたま》を上《あ》げると、そばに、頭《あたま》から血《ち》を流《なが》し、背中《せなか》にガラスの破片《はへん》がささっている人《ひと》が横《よこ》たわっています。かすかにうめき声《ごえ》を上《あ》げたかと思《おも》う間《ま》もなく、カッと目《め》を見開《みひら》いて息絶《いきた》える人《ひと》もいます。

そんななかで、父《ちち》は無傷《むきず》だったのでした。

地面《じめん》から起《お》き上《あ》がれた人《ひと》は、街《まち》のなかで起《お》こったとは思《おも》えない信《しん》じられない光景《こうけい》を、しばらく見《み》ているしかありませんでした。

そのうち、あちこちから火《ひ》が上《あ》がりはじめ、けむりとともにいやなにおいが広《ひろ》がっていきました。

気《き》をとり直《なお》した父《ちち》は、勤務先《きんむさき》へ向《む》かおうとしましたが、またたくうちに火《ひ》が広《ひろ》がってしまい、行《い》くことができません。

「家《いえ》の者《もの》はどうしているだろう。とりあえず早《はや》くもどろう。」

※市電《しでん》…市街地《しがいち》を走《はし》る路面電車《ろめんでんしゃ》。

ゆっくりと立《た》ち上《あ》がり、歩《ある》きはじめたとき、灰色《はいいろ》の空《そら》から黒《くろ》い大《おお》きな雨《あま》つぶが降《ふ》ってきました。

父《ちち》の報告《ほうこく》を、３人《にん》は立《た》ったままふるえながら聞《き》いていました。

ふと、窓《まど》の下《した》を見《み》ると、かみがぼうぼうに逆立《さかだ》っている人《ひと》、顔《かお》がはれ上《あ》がっている人《ひと》たちが、よろよろと歩《ある》いてきました。

はだかの上半身《じょうはんしん》に赤黒《あかぐろ》いぼろ切《き》れをまとっているように見《み》えるのは、体《からだ》のあちこちからはがれた皮《ひ》ふと血《ち》のかたまりでした。

「こうしてはいられない。杜夫《もりお》の安否《あんぴ》を確《たし》かめなければ。」

父《ちち》は自転車《じてんしゃ》に飛《と》び乗《の》ると、学校《がっこう》に向《む》かいました。

母《はは》は、杜夫《もりお》の着《き》がえや救急用品《きゅうきゅうようひん》、食《しょく》りょう、水《みず》を用意《ようい》しはじめました。日《ひ》ごろのおっとりした母《はは》とは思《おも》えないほどの、手《て》ぎわのよさです。

３時《じ》過《す》ぎ、父《ちち》は肩《かた》を落《お》として帰《かえ》ってきました。

「市内《しない》は火《ひ》の海《うみ》になっていて、とても入《はい》れない。焼《や》けただれて動《うご》けなくなった人《ひと》がたくさんいた。」

「わたしも、モーちゃんをさがしに行《い》きます。」

8 杜夫《もりお》の消息《しょうそく》

夕方《ゆうがた》の5時《じ》。父《ちち》と母《はは》は、中学校《ちゅうがっこう》へと急《いそ》ぎました。

母《はは》は、※もんぺのすそをきりりとしばり、肩《かた》には※防空《ぼうくう》ずきんをさげ、杜夫《もりお》のために用意《ようい》したものを包《つつ》んだふろしき包《づつ》みは、父《ちち》が持《も》ちました。

ふたりは、夢中《むちゅう》で途中《とちゅう》から熱《あつ》くなってきた道路《どうろ》を歩《ある》きました。

市内《しない》からはひどいやけどをしている人《ひと》たちが、よろめきながら歩《ある》いてきます。

「モーちゃんが、もしも、こんな道《みち》を歩《ある》いていたら、やけどをしてしまう！」

母《はは》はあえぎながらも、かわききったのどから、声《こえ》をふりしぼってさけびました。

たどりついた学校《がっこう》の木造《もくぞう》の校舎《こうしゃ》は、すべて焼《や》け落《お》ちていました。その下《した》から白骨《はっこつ》をのぞかせた手《て》や足《あし》がのびています。

プールにはたくさんの遺体《いたい》がういています。あまりの熱《あつ》さに、水《みず》に飛《と》びこんで息絶《いきた》えた生徒《せいと》たちです。

「ああ、なんてことでしょう。」

母《はは》は、両手《りょうて》で顔《かお》をおおうと、しゃがみこんでしまいました。

校庭《こうてい》のさつまいも畑《ばたけ》には、黒《くろ》くちぢれたいものつるが転《ころ》がっています。

すると、校庭《こうてい》に座《すわ》りこんでいる生徒《せいと》がいるのに気《き》づきました。

母《はは》は、思《おも》わずかけ寄《よ》りました。

「どこか痛《いた》くないの？　おうちの人《ひと》は？」

「ああっ、だいじょうぶです。家《いえ》の者《もの》が来《く》るまで、ここで待《ま》っています。」

生徒《せいと》は、はっきりと答《こた》えました。

※もんぺ…足首《あしくび》の部分《ぶぶん》をしぼった女性《じょせい》の労働用《ろうどうよう》のズボン。※防空《ぼうくう》ずきん…空襲《くうしゅう》に備《そな》え、頭《あたま》を守《まも》るためにかぶる綿入《わたい》りのずきん。

よく見《み》ると、顔《かお》にかすり傷《きず》があるほかは、生徒《せいと》の体《からだ》は無傷《むきず》のようでした。

「あなたは、校舎《こうしゃ》にいたの？」

「はいっ。」

偶数学級《ぐうすうがっきゅう》だというその生徒《せいと》は、ぴかっと光《ひか》ったとき、友《とも》だちといっしょに教壇《きょうだん》の横《よこ》にふせて、落《お》ちてきた天井板《てんじょういた》をかき分《わ》けて外《そと》に出《で》たと話《はな》してくれました。

「同級生《どうきゅうせい》が助《たす》けを呼《よ》んでいたのに、火《ひ》のまわりが早《はや》くて近寄《ちかよ》れなかった。」

くやしそうに、目《め》をふせました。

「一年生《ねんせい》の三重野杜夫《みえのもりお》を、知《し》らない？」

すると、生徒《せいと》は、まっすぐ前《まえ》を指《ゆび》さし、

「三重野《みえの》くんなら、あっちのほうに向《む》かって行《い》きました。」

「ありがとう。比治山《ひじやま》のほうね。」

生徒《せいと》はうなずきました。

比治山《ひじやま》は、公園《こうえん》にもなっている市《し》の東側《ひがしがわ》にある山《やま》です。

万一《まんいち》、学校《がっこう》に集合《しゅうごう》できないときに、集《あつ》まる場所《ばしょ》と決《き》められていました。いざというときの避難場所《ひなんばしょ》です。

杜夫《もりお》の消息《しょうそく》の手《て》がかりがつかめたのです。

「モーちゃん、すぐにお水《みず》を持《も》っていきます

からね。がんばっていてね。」

うす暗《ぐら》くなった校庭《こうてい》には、子《こ》どもをさがし求《もと》めている影《かげ》が、動《うご》きまわっていました。なおも、息苦《いきぐる》しくなるほどのこげくさいにおいが立《た》ちこめています。

すっかり暗《くら》くなり、足《あし》もとさえ見《み》えにくい道《みち》を、ふたりは帰《かえ》ることにしました。

翌朝《よくあさ》から、1週間《しゅうかん》にわたる家族《かぞく》による杜夫《もりお》さがしがはじまりました。


7日《なのか》の朝《あさ》、家族《かぞく》4人《にん》で、学校《がっこう》へ向《む》かいました。

広島《ひろしま》の街《まち》なかに入《はい》ると、たくさんの焼《や》けこげた死体《したい》がありました。辺《あた》り一面《いちめん》に、いろんなものが燃《も》えるにおいと、けむりが立《た》ちこめています。

「水《みず》をください。」

裕里《ゆり》は、かぼそい声《こえ》に足《あし》を止《と》めました。動《うご》けなくなっている子《こ》どもが、人《ひと》の気《け》配《はい》を感《かん》じて、声《こえ》をかけてきたのでした。

かみがちぢれ、顔《かお》も体《からだ》もすすけているので、男《おとこ》の子《こ》か女《おんな》の子《こ》かもわかりません。

その子《こ》はもう一度《いちど》、「水《みず》……。」といいかけて、首《くび》がこくんと下《さ》がりました。

万里《まり》と裕里《ゆり》は、地面《じめん》にひざをつき、手《て》を合《あ》わせました。そうするのがせいいっぱいで、それしかできませんでした。

立《た》ち上《あ》がると、よろける母《はは》を支《ささ》えながら、熱《あつ》い道《みち》を歩《ある》きました。

4人《にん》は、校庭《こうてい》で会《あ》う人《ひと》たちと、おたがいの子《こ》どもの消息《しょうそく》をたずね合《あ》いました。

裕里《ゆり》は、校門《こうもん》の前《まえ》の異様《いよう》な馬《うま》に目《め》を留《と》めました。もとの大《おお》きさの倍《ばい》かと思《おも》うほど赤黒《あかぐろ》くふくれ上《あ》がり、つっぱった足《あし》を4本《ほん》とも空《そら》に向《む》けている、馬《うま》の死体《したい》でした。

軍馬《ぐんば》として使《つか》っていた軍人《ぐんじん》さんの馬《うま》でしょうか。荷物《にもつ》を積《つ》んだ台車《だいしゃ》を引《ひ》いていた馬《うま》でしょうか。

どちらにしても爆撃《ばくげき》の直前《ちょくぜん》まで、街《まち》を歩《ある》いていた馬《うま》にちがいありません。

この日《ひ》。学校《がっこう》から1・5キロメートルほどの比治山《ひじやま》のふもと、※鶴《つる》見《み》橋《ばし》東《ひがし》詰《づ》めのたもとでのこと。

杜夫《もりお》のほとんど焼《や》けた帽子《ぼうし》の正面《しょうめん》についている、中学校《ちゅうがっこう》の徽章《きしょう》（マーク）を見《み》た人《ひと》がいました。橋《はし》のたもとには何人《なんにん》もの人《ひと》がいましたが、すでに息《いき》を引《ひ》きとっていました。

杜夫《もりお》に気《き》づいたのは、裕里《ゆり》の女学校《じょがっこう》の教頭先生《きょうとうせんせい》です。

先生《せんせい》は、自分《じぶん》の出身校《しゅっしんこう》でもある一中《いっちゅう》の徽章《きしょう》を見《み》たので、足《あし》を止《と》めたのです。

そして、杜夫《もりお》の上半身《じょうはんしん》にわずかにへばりついていたシャツの切《き》れはしにあった名札《なふだ》から、先生《せんせい》は「三重野《みえの》」の文字《もじ》を読《よ》みとったのです。

「三重野《みえの》？　もしかして、横浜《よこはま》の女学校《じょがっこう》から転校《てんこう》してきた三重野裕里《みえのゆり》の親類《しんるい》か？」

「はい、ぼくの姉《あね》です。」

※鶴見橋《つるみばし》…広島《ひろしま》の京橋川《きょうばしがわ》にかかる橋《はし》。

小《ちい》さな声《こえ》ながら答《こた》えたということは、杜夫《もりお》の耳《みみ》は聞《き》こえていたのです。

けれども、はれ上《あ》がった目《め》はすでに視力《しりょく》をなくしていたのです。

ものが見《み》えないだけではなく、光《ひかり》さえ感《かん》じなくなっていたようです。

「わかった。わたしは自分《じぶん》の学校《がっこう》の生徒《せいと》をさがしているところなんだ。なるべく早《はや》くうちの人《ひと》に知《し》らせるから、がんばれよ。」

先生《せんせい》は、ポケットから出《だ》した名刺《めいし》の裏《うら》に杜夫《もりお》の名前《なまえ》と住所《じゅうしょ》を書《か》くと、

「井《いの》口《くち》方《ほう》面《めん》の人《ひと》はいませんか。この子《こ》のことを、家《か》族《ぞく》に伝《つた》えてください。」

通《とお》りがかりの人《ひと》にたのみました。

しかし、肉《にく》親《しん》や知《ち》人《じん》を必《ひっ》死《し》になってさがし歩《ある》いている人《ひと》のなかに、なかなか、立《た》ち止《ど》まる人《ひと》はいません。

それでも、引《ひ》き受《う》けてくれる人《ひと》がひとりいました。

家《か》族《ぞく》に、杜《もり》夫《お》の消《しょう》息《そく》が伝《つた》えられたのは、8日《ようか》の夜《よる》でした。

8月《がつ》9日《ここのか》、早朝《そうちょう》。家族《かぞく》は鶴見橋《つるみばし》東詰《ひがしづ》めに急《いそ》ぎました。
橋《はし》のまわりには、たおれている人《ひと》など見当《みあ》たりません。
そこに、足早《あしばや》に歩《ある》いてきた女《おんな》の人《ひと》が、教《おし》えてくれました。
「この辺《へん》でたおれていた人《ひと》は、どこかに収容《しゅうよう》されていると思《おも》います。なくなった人《ひと》は※宇品《うじな》の港《みなと》に運《はこ》ばれて、※似島《にのしま》に集《あつ》められたそうです。近《ちか》くの救護所《きゅうごじょ》になくなった人《ひと》の名簿《めいぼ》があると聞《き》きました。わたしもそこに確《たし》かめに行《い》くところです。」

家族《かぞく》はその救護所《きゅうごじょ》に急《いそ》ぎました。

死亡者名簿《しぼうしゃめいぼ》には杜夫《もりお》の名前《なまえ》はありませんでした。

どこかの病院《びょういん》で、手当《てあ》てを受《う》けているのかもしれません。

「モーちゃんはきっと生《い》きている！」

母《はは》は、力強《ちからづよ》くいいました。

「また、学校《がっこう》に行《い》ってみましょう。」

「そうね、手《て》がかりがあるかもしれない。」

校庭《こうてい》には生徒《せいと》の母親《ははおや》らしい人《ひと》が数人《すうにん》います。ひとりが、

「三重野《みえの》さんのご家族《かぞく》ですか？」

比治山《ひじやま》の近《ちか》くで、7日《なのか》に、杜夫《もりお》の世話《せわ》をしたという同級生《どうきゅうせい》の母親《ははおや》でした。

※宇品《うじな》の港《みなと》…広島市南部《ひろしましなんぶ》の広島港《ひろしまこう》のこと。陸軍《りくぐん》の基地《きち》があった。※似島《にのしま》…広島湾内《ひろしまわんない》の島《しま》。現在《げんざい》の広島市南区《ひろしましみなみく》の一部《いちぶ》。

名前《なまえ》も住所《じゅうしょ》もはっきりいえたけれど、目《め》は見《み》えなくなっているようだったと、話《はな》してくれました。

そして、杜夫《もりお》は声《こえ》をふりしぼるように、

「水《みず》をください。」といったそうです。

「水《みず》を飲《の》むと、具合《ぐあい》が悪《わる》くなるらしいわよ。」

「今《いま》までにももらっているので、だいじょうぶです。冷《つめ》たいのがほしいのです。」

そんなやりとりのあと、水《みず》を飲《の》ませてもらったのです。

杜夫《もりお》のゲートルは、しっかりと巻《ま》かれていて、靴《くつ》もはいていたといいます。

この日《ひ》も父《ちち》は、広島市内《ひろしましない》の橋《はし》という橋《はし》、市役所《しやくしょ》、収容施設《しゅうようしせつ》、駅《えき》など、調《しら》べられるところは調《しら》べつくしました。

しかし、生存者名簿《せいぞんしゃめいぼ》のなかにも、死亡者《しぼうしゃ》の名簿《めいぼ》のなかにも、杜夫《もりお》の名《な》を見《み》つけることはできませんでした。

8月《がつ》10日《とおか》。いっこうに杜夫《もりお》の消息《しょうそく》はつかめません。

母《はは》は、いざというときに、持《も》って出《で》かけられるように、大《おお》きなふろしきを用意《ようい》しました。水《みず》や食《た》べ物《もの》、傷薬《きずぐすり》や包帯用《ほうたいよう》の布《ぬの》、下着《したぎ》などを包《つつ》んでいました。

「モーちゃんは、どこかでどなたかのお世話《せわ》になっている。帰《かえ》ってきたら、大好《だいす》きな冷《つめ》たいトマトをあげて、よくがんばったとほめてあげましょう。」

このころ、街《まち》のあちこちに、身元《みもと》のわかった人《ひと》の遺骨《いこつ》の引《ひ》きわたし所《じょ》ができていました。

家族《かぞく》はその場所《ばしょ》がわかると、一か所《しょ》ずつ確《たし》かめながら歩《ある》きました。

この日《ひ》の夕方《ゆうがた》、杜夫《もりお》の友《とも》だちの西村《にしむら》くんのお母《かあ》さんだという人《ひと》が、家《いえ》にやって来《き》ました。

「杜夫《もりお》くんはもどられましたか。」

「いえ、まだです。」

「そうでしたか。うちの子《こ》は身《み》につけているのはパンツだけで、ひどいやけどをしていましたが、帰《かえ》ってきました。」

西村《にしむら》くんのお母《かあ》さんは、一気《いっき》に裕里《ゆり》たちに話《はな》しました。

「それはよかったですね。安心《あんしん》されたでしょう？」と母《はは》。

すると、西村《にしむら》くんのお母《かあ》さんは両手《りょうて》で顔《かお》をおおって、その場《ば》にしゃがみこみました。

「7日《なのか》の朝《あさ》に、息《いき》を引《ひ》きとりました。苦《くる》しそうな顔《かお》をしていなかったのが、せめてものなぐさめです。杜夫《もりお》くんと仲《なか》よくしていただいていたので、そのお礼《れい》をいいたくて……。」


8月《がつ》11日《にち》。朝《あさ》、裕里《ゆり》は、起《お》き上《あ》がれなくなっていました。

きのうの夕食《ゆうしょく》を口《くち》にすることができず、水《みず》さえものどを通《とお》りにくいのです。

「きょうこそ、モーちゃんを見《み》つけてきますからね。」

そうはいっても、母《はは》と万里《まり》は、手《て》がかりをつかむあてさえありませんでした。

8月《がつ》12日《にち》。あの日《ひ》から6日《むいか》。

毎日《まいにち》のように役所《やくしょ》に調《しら》べに行《い》っている父《ちち》は、係《かかり》の人《ひと》から説明《せつめい》を受《う》けました。

「お気《き》のどくなことですが、身元《みもと》の確認《かくにん》ができない遺体《いたい》は、宇品《うじな》の港《みなと》から船《ふね》で似島《にのしま》に集《あつ》められ、埋葬《まいそう》されました。時間《じかん》がたつにつれ、ますます確《たし》かめることは難《むずか》しくなります。この暑《あつ》さですから、そうするしかなかったのです。」

言葉《ことば》にはしないものの、もうあきらめるようにと、係《かかり》の人《ひと》はいいたかったのでしょう。杜夫《もりお》も、身元不明者《みもとふめいしゃ》のひとりになったと思《おも》うしかありません。

広島《ひろしま》の街《まち》なかの、とくにむごたらしい遺体《いたい》が折《お》り重《かさ》なっていたような場所《ばしょ》は、次々《つぎつぎ》とかたづけられ、わずかに血《ち》と脂《あぶら》のあとが残《のこ》っているくらいでした。

ついに、杜夫《もりお》をさがすための手《て》がかりになる情報《じょうほう》は、まったくなくなってしまいました。

8月《がつ》15日《にち》、日本はアメリカなどの連合国《れんごうこく》に降伏《こうふく》し、戦争《せんそう》は終《お》わりました。

9 終戦《しゅうせん》と「杜夫《もりお》の死《し》」

絶対《ぜったい》に勝《か》つといわれていた戦争《せんそう》に負《ま》けたうえに、家族《かぞく》をうばわれた悲《かな》しさやくやしさは、三重野家《みえのけ》だけがかかえていたわけではありません。

けれども、もう敵機《てっき》におびえなくてもよくなったのです。

海軍軍人《かいぐんぐんじん》の父《ちち》にとっては、若者《わかもの》たちを戦場《せんじょう》に向《む》かわせた責任《せきにん》を痛感《つうかん》するつらい日々《ひび》でした。

ひとりの力《ちから》ではどうにもできなかったこととはいえ、父《ちち》には、安《あん》どの気持《きも》ちはありませんでした。

顔《かお》をゆがめながらもこらえている父《ちち》の姿《すがた》を、家族《かぞく》は見《み》ているほかありませんでした。母《はは》はといえば、夜中《よなか》に小《ちい》さな物音《ものおと》でもすれば、起《お》き上《あ》がります。

「モーちゃんが帰《かえ》ってきた夢《ゆめ》を見《み》たの。」と。

9月《がつ》6日《むいか》。あの日《ひ》から1か月目《げつめ》。

広島第一中学校《ひろしまだいいちちゅうがっこう》で教員《きょういん》、生徒《せいと》の合同慰霊祭《ごうどういれいさい》が行《おこな》われました。

家族《かぞく》は4人全員《にんぜんいん》が出席《しゅっせき》しました。

校長《こうちょう》、教頭《きょうとう》をはじめとする教員《きょういん》12名《めい》。生徒《せいと》は杜《もり》夫《お》たち1年生《ねんせい》288名《めい》をふくむ353名《めい》が、命《いのち》を落《お》としたのでした。

あの朝《あさ》、登校《とうこう》していて熱線《ねっせん》でやけどを負《お》ったり、爆風《ばくふう》にあおられながらも、命《いのち》をとり留《と》めた生《せい》徒《と》もいました。

けれども、数日《すうじつ》のうちにほとんどがなくなっていたことがわかりました。

9月《がつ》12日《にち》。警察署《けいさつしょ》で杜夫《もりお》の死《し》を認定《にんてい》してもらいました。生《い》きていた杜夫《もりお》を見《み》たという数人《すうにん》の証言《しょうげん》から、8月7日《がつなのか》、比治山下《ひじやました》で死亡《しぼう》。時刻不詳《じこくふしょう》ということになりました。

杜夫《もりお》は、目《め》が見《み》えなくなる直前《ちょくぜん》に、なにを見《み》ていたのでしょう。なにか見《み》ていたでしょうか。そう考《かんが》える裕里《ゆり》には、丸顔《まるがお》の愛《あい》くるしい杜夫《もりお》の顔《かお》しか、うかんできませんでした。

ふと、西村《にしむら》くんの母親《ははおや》の顔《かお》がうかびました。原爆《げんばく》の熱線《ねっせん》でやけただれながらも、爆風《ばくふう》がふき荒《あ》れるなか、必死《ひっし》の思《おも》いで家《いえ》までたどりついた西村《にしむら》くんです。ようやく家族《かぞく》のもとにもどれたというのに、その翌日《よくじつ》には息絶《いきた》えてしまった西《にし》村《むら》くんです。どんなにくやしかったことでしょう。

でも、家族《かぞく》に手当《てあ》てをしてもらい、はげまされながら、みとられた西村《にしむら》くんは、まだ救《すく》いがあると、裕里《ゆり》は思《おも》いました。

家族《かぞく》は傷《きず》ついた杜夫《もりお》のそばにいてあげることができませんでした。

でも、もう帰《かえ》ることのできない杜《もり》夫《お》は、身元《みもと》不明者《ふめいしゃ》としてあつかわれたとはいえ、意識《いしき》のあるうちに何人《なんにん》かの人《ひと》にやさしい声《こえ》をかけられ、あたたかくされたのです。

そのときの杜夫《もりお》は、人々《ひとびと》の声《こえ》に応《こた》えることができたのです。

「それをせめてものなぐさめとしなければ。」

家族《かぞく》はみんなで話《はな》しました。

10 空《そら》にのぼった杜夫《もりお》

9月《がつ》21日《にち》。

家《いえ》で杜夫《もりお》の葬式《そうしき》が営《いとな》まれました。

近《ちか》くのお寺《てら》のお坊《ぼう》さんは、

「杜夫《もりお》くんが安心《あんしん》して眠《ねむ》れるように、供養《くよう》してさしあげましょう。」

と、墨《すみ》をすり、半紙《はんし》いっぱいに、「三重野杜夫《みえのもりお》」と書《か》きました。

それを持《も》ち、住《す》まいの裏手《うらて》の小高《こだか》い山《やま》に登《のぼ》りました。

「モーちゃん、見《み》つけてあげられなくてご

めんなさい。許《ゆる》してね。」

母《はは》はずっと、つぶやいていました。

「ではお父《とう》さま、お願《ねが》いします。」

お坊《ぼう》さんの言葉《ことば》に父《ちち》は、お経《きょう》に合《あ》わせて、半紙《はんし》に火《ひ》をつけました。

「杜夫《もりお》」は、ひらっとまい上《あ》がり、けむりがたなびく間《ま》もなく、燃《も》えつきました。

「モーちゃんはいろんな人《ひと》からやさしくしていただけたのね。でも、お母《かあ》さまの手《て》から、冷《つめ》たいトマトを食《た》べさせてあげたかった。」

杜夫《もりお》の死《し》を受《う》け入《い》れたかのような母《はは》でしたが、まだ、あきらめきってはいませんでした。

「モーちゃんは、どこかでやけどの手当《てあ》てをしてもらっているかもしれない。やけどがいえて、動《うご》けるようになったら帰《かえ》ってくるにちがいないわ。そのときは、すぐに家《いえ》に入《はい》れるようにしておきましょう。」

秋《あき》が深《ふか》まる10月《がつ》の末《すえ》ごろまで、母《はは》は夜《よる》も玄関《げんかん》のかぎをかけませんでした。

11 思《おも》い出《で》の鎌倉《かまくら》をたずねて

1946（昭和《しょうわ》21）年《ねん》9月《がつ》。

戦争《せんそう》が終《お》わり、食《しょく》りょうの配給《はいきゅう》も少《すこ》しずつ増《ふ》えてくると、万里《まり》の体調《たいちょう》もよくなり、元気《げんき》をとりもどしていきました。

杜夫《もりお》のお葬式《そうしき》をした日《ひ》から、1年《ねん》が過《す》ぎようとしていたある日《ひ》、万里《まり》に、東京《とうきょう》に行《い》く用事《ようじ》ができました。

帰《かえ》りに鎌倉《かまくら》に寄《よ》ってくるといいます。

さっそく母《はは》の注文《ちゅうもん》がつきました。

「家《いえ》はどうなっているかしら。ハーちゃんのご家族《かぞく》はどうしていらっしゃるかしら。林《はやし》さんにごあいさつしてきてほしい。」

「ハーちゃんて、杜夫《もりお》の同級生《どうきゅうせい》の治美《はるよし》さんのことね。」

家族《かぞく》は、ひとしきり鎌倉《かまくら》で過《す》ごした日々《ひび》の話《はなし》に花《はな》をさかせました。

空襲《くうしゅう》にあわなかった鎌倉一帯《かまくらいったい》は、緑《みどり》がおいしげる美《うつく》しいままの街《まち》でした。

駅《えき》に降《お》り立《た》った万里《まり》は、木々《きぎ》のにおいを深《ふか》く吸《す》いこみました。

林家《はやしけ》を訪《たず》ねると、治美《はるよし》がいました。

万里《まり》は、治美《はるよし》の頭《あたま》の先《さき》から足《あし》もとまで見《み》つめて、

「杜夫《もりお》が生《い》きていれば……。」

そこまでいうと、声《こえ》をのみこんでしまいました。

「モーちゃんは、やっぱり原爆《げんばく》にやられたんですね。広島《ひろしま》の中学生《ちゅうがくせい》がたくさんなくなったと、新聞《しんぶん》に出《で》ていました。かわいそうなモーちゃん。」

治美《はるよし》も、しばらく声《こえ》をつまらせていました。

治美《はるよし》は、万里《まり》に、杜夫《もりお》との思《おも》い出話《でばなし》をしてくれました。

「お姉《ねえ》さんは、モーちゃんとぼくが※滑川《なめりがわ》で、ホタルの幼虫《ようちゅう》さがしをしたことを、知《し》っていましたか？」

ホタルが成虫《せいちゅう》になる前《まえ》の春《はる》の終《お》わりに、水《みず》から陸《りく》にはい上《あ》がってくること。その幼虫《ようちゅう》が黄緑色《きみどりいろ》の光《ひかり》を放《はな》つことを、杜夫《もりお》は知《し》っていたというのです。

「モーちゃんは、とても不思議《ふしぎ》なので、調《しら》べてみたいと、いっていました。」

「そんなことがあったなんて。年《とし》がはなれていたせいか、わたしは裕里《ゆり》ほど、杜夫《もりお》とも遊《あそ》んだことがなかったんです。でも、杜夫《もりお》は、なんでも調《しら》べるのが得意《とくい》でした。わからないことは熱心《ねっしん》に人《ひと》に聞《き》いたりしていたから、学者《がくしゃ》に向《む》いていたのかもしれませんね。」

また、２年生《ねんせい》のときの※江《え》の島《しま》への遠足《えんそく》では、島《しま》の岩場《いわば》をとび歩《ある》いて、どうくつで待《ま》ちぶせして、変《へん》な声《こえ》を上《あ》げて、女《おんな》の子《こ》たちをおどろかせていたといいます。

そんなちゃめっ気《け》は家《いえ》でも発揮《はっき》していて、裕里《ゆり》をおこらせたりしたのです。

「大《おお》さわぎになって、先生《せんせい》にしかられていましたけどね。」

それまでに江《え》の島《しま》には家族《かぞく》で行《い》ったことがあったので、杜夫《もりお》は地形《ちけい》を覚《おぼ》えていたのでしょう。

治美《はるよし》の母親《ははおや》に会《あ》えなかったのは残念《ざんねん》でしたが、万里《まり》は広島《ひろしま》での家族《かぞく》のようすを話《はな》して、林家《はやしけ》を出《で》ました。

万里《まり》は三重野家《みえのけ》の住《す》まいだった家《いえ》に、そっと行《い》ってみました。物干《ものほ》しざおには洗《せん》たくものがならび、人《ひと》が住《す》んでいることがわかりました。

庭木《にわき》も垣根《かきね》も、あわただしく広島《ひろしま》に旅立《たびだ》ったときと、ほとんどかわっていませんでした。

駅《えき》に向《む》かおうと、垣根《かきね》の横《よこ》を歩《ある》いていると、ふと、だれかに呼《よ》び止《と》められたような気《き》がしました。

※滑川《なめりがわ》…鎌倉市《かまくらし》を流《なが》れる川《かわ》。※江《え》の島《しま》…神奈川県藤沢市《かながわけんふじさわし》にあり、干潮《かんちょう》のときには陸《りく》とつながる島《しま》。行楽地《こうらくち》として有名《ゆうめい》。

風《かぜ》にゆれている庭木《にわき》の間《あいだ》に、いくつもの小《ちい》さな赤《あか》い実《み》が見《み》えます。グミの実《み》でした。

グミの実《み》は、つややかな赤色《あかいろ》をしています。あまいものがほしくて、杜夫《もりお》たちがおやつがわりに食《た》べたグミの実《み》です。

舌《した》を染《そ》めるほどにうれるのは、もう少《すこ》し先《さき》のようです。

万里《まり》は、グミの木《き》も以前《いぜん》のままだったことを、母《はは》や裕《ゆ》里《り》に話《はな》そうと思《おも》いました。

12 届《とど》いた書状《しょじょう》

万里《まり》は、体力《たいりょく》が回復《かいふく》するにつれ、夢《ゆめ》を実現《じつげん》したくなっ

ていました。

それは、アメリカに行《い》って、現地《げんち》でその文化《ぶんか》にふれたいという夢《ゆめ》です。

「敵国《てきこく》の言葉《ことば》は教《おし》えてはならない。」という世《よ》の中《なか》の風潮《ふうちょう》のなか、万里《まり》の専門学《せんもんがっ》校《こう》では戦争中《せんそうちゅう》も英語《えいご》の授業《じゅぎょう》がありました。

その教科書《きょうかしょ》で知《し》ったアメリカをはじめとする外国《がいこく》の歴史《れきし》や物語《ものがたり》を学《まな》びたいと、ずっと望《のぞ》んでいました。でも、すぐには無理《むり》です。

そこで、広島県庁《ひろしまけんちょう》に就職《しゅうしょく》しました。アメリカ人《じん》とのやりとりの多《おお》い、※渉外課《しょうがいか》に「英語《えいご》ができるから」と採用《さいよう》されたのでした。

仕事《しごと》で通訳《つうやく》をしているうち、もっと英語力《えいごりょく》を身《み》につけたくなりました。

父《ちち》にアメリカへの留学《りゅうがく》の許《ゆる》しを求《もと》めても、「わざわざ敵対《てきたい》していた国《くに》に行《い》かなくても、国内《こくない》で勉強《べんきょう》できるだろう。」と、反対《はんたい》されるに決《き》まっています。

そこで、説得《せっとく》できなくてもアメリカに行《い》こうと決《き》めていた万里《まり》は、そのときの

※渉外《しょうがい》…外部《がいぶ》（外国《がいこく》など）と連絡《れんらく》し、話《はな》し合《あ》うこと。

ために、ひそかに貯金《ちょきん》をしていました。

そして、アメリカの※奨学金制度《しょうがくきんせいど》のある大学《だいがく》に留学《りゅうがく》を申《もう》しこんでいたのです。

しばらくは仕事《しごと》のなかった父《ちち》も、就職《しゅうしょく》が決《き》まり、収入《しゅうにゅう》も安定《あんてい》。そのおかげで裕《ゆ》里《り》は短大《たんだい》に進学《しんがく》することができ、卒業後《そつぎょうご》は、広島県内《ひろしまけんない》の山間《やまあい》の中学校《ちゅうがっこう》の教員《きょういん》になりました。

1954（昭和《しょうわ》29）年《ねん》4月《がつ》。広島平和記念公園《ひろしまへいわきねんこうえん》が完成《かんせい》すると、翌年《よくねん》、その一角《いっかく》の原爆供養塔《げんばくくようとう》に、身元不明《みもとふめい》のまま火葬《かそう》された遺骨《いこつ》がおさめられました。

「モーちゃんに会《あ》いに行《い》きましょう。」

三重野家《みえのけ》の家族《かぞく》も、公園《こうえん》に足《あし》を運《はこ》ぶようになりました。

いよいよ留学《りゅうがく》を決《き》めた万里《まり》は、アメリカに出発《しゅっぱつ》。

反対《はんたい》していた父《ちち》も、万里《まり》を気持《きも》ちよく見送《みおく》りました。

アメリカを気《き》に入《い》った万里《まり》は、※シカゴに居《きょ》を定《さだ》め、そこで日本人《じん》の男性《だんせい》と結婚《けっこん》

しました。

同《おな》じころ、裕里《ゆり》も、やりたいことがあればやりなさいという父《ちち》のすすめもあって、上京《じょうきょう》。出版社《しゅっぱんしゃ》の編集者《へんしゅうしゃ》になりました。

父《ちち》は、1959（昭和《しょうわ》34）年《ねん》、63歳《さい》で、井口《いのくち》に建《た》てた家《いえ》で病気《びょうき》のためになくなりました。母《はは》は、東京《とうきょう》にいる裕里《ゆり》の家族《かぞく》のもとで暮《く》らすことになりました。

母《はは》は、アメリカの万里《まり》を何回《なんかい》も訪《おとず》れ、そのたびに3か月《げつ》から半年《はんとし》以上《いじょう》も過《す》ごしていました。

1971（昭和《しょうわ》46）年《ねん》。母《はは》のもとに、役所《やくしょ》の人《ひと》が、一通《いっつう》の書状《しょじょう》と、勲八等瑞宝章《くんはっとうずいほうしょう》という※勲章《くんしょう》

※奨学金《しょうがくきん》…勉強《べんきょう》や研究《けんきゅう》をする人《ひと》に貸《か》したり、あげたりするお金《かね》。
※シカゴ…アメリカのイリノイ州《しゅう》の大都市《だいとし》。
※勲章《くんしょう》…国《くに》が功労《こうろう》のあった人《ひと》にあたえる記章《きしょう》。

を届《とど》けにきました。

「広島《ひろしま》からこちらに移《うつ》られていたので、おくれました。」

役所《やくしょ》の人《ひと》は申《もう》しわけなさそうにいいました。

「ご遺族《いぞく》さまへ」となっている靖国神社《やすくにじんじゃ》の宮司《ぐうじ》からの書状《しょじょう》の発信《はっしん》から8年《ねん》もたっていました。

陸軍《りくぐん》の命令《めいれい》のもとに作業《さぎょう》をしていた杜夫《もりお》たちが、靖国神社《やすくにじんじゃ》にまつられたという知《し》らせでした。中学生《ちゅうがくせい》のなかでも12歳《さい》5か月《げつ》でなくなった杜夫《もりお》は、勤労動員中《きんろうどういんちゅう》になくなった戦没者《せんぼつしゃ》としては最年少《さいねんしょう》に近《ちか》いということでした。

13 母《はは》の残《のこ》した日記《にっき》

1982（昭和《しょうわ》57）年《ねん》、母《はは》は、裕里《ゆり》の家族《かぞく》にみとられ、82歳《さい》でなくなりました。

押《お》し入《い》れの母《はは》の遺品《いひん》のなかに、裕里《ゆり》は、粗《そ》末《まつ》な紙《かみ》のノートを見《み》つけました。

杜夫《もりお》が姿《すがた》を消《け》した日《ひ》から1週間《しゅうかん》さがし歩《ある》いたときの日記《にっき》でした。

しっかりとした文字《もじ》の記録《きろく》は、杜夫《もりお》の生存《せいぞん》の希望《きぼう》を見《み》いだそうとしながら、書《か》きつづられていたものでした。

その日記《にっき》は、一度《いちど》なにかに書《か》いておいたものをいつのころか、あらためて清書《せいしょ》してありました。あるときは、杜夫《もりお》に呼《よ》びかけ、あるときは自分《じぶん》にいい聞《き》かせるように、記《しる》されていました。

さがしはじめて3日目《みっかめ》には、

毎日《まいにち》一里《いちり》以上《いじょう》も歩《ある》く通学《つうがく》も、建物こわし作業も、みんな今度《こんど》のようなことが起《お》こったときのための鍛錬《たんれん》でした。体《からだ》も意志《いし》も強《つよ》くなるために、必要《ひつよう》だったと思《おも》います。あなたは勇気《ゆうき》ある日本の男《おとこ》の子《こ》。どんなときも最後《さいご》まで努力《どりょく》を続《つづ》けることと信《しん》じています。帰《かえ》ってきたらたくさんほめてあげましょう。

次《つぎ》の日《ひ》づけでは、

いくらさがしても見《み》つからない。どこをさがしたらいいのか。杜夫《もりお》は苦《くる》しがって、水《みず》をほしがって、「お母《かあ》さま、お母《かあ》さま」と呼《よ》んでいるかもしれない。また明日《あした》来《き》ますからね。待《ま》っていて。

また、その次《つぎ》の日《ひ》づけでは、

杜夫《もりお》、あなたは今《いま》どこにいるの。体《からだ》とたましいがはなれるときには、いとしいものの胸《むね》に、わずかな時間《じかん》でも帰《かえ》ってくるというのに、あなたはあらわれません。ということは傷《きず》つきながらも、生《い》きているということでしょう。どなたかに助《たす》けられて、収容所《しゅうようじょ》にいるかもしれない。すぐでなくてもいいから、お母《かあ》さまたちのところに、必《かなら》ず帰《かえ》ってきて。どんな姿《すがた》になっていてもいいから、命《いのち》をもって帰《かえ》ってきて。

裕里《ゆり》は、押《お》し入《い》れの前《まえ》に座《すわ》りこんだまま、部屋《へや》が暗《くら》くなるまで、日記《にっき》を読《よ》み続《つづ》けていました。

「たったひとりの息子《むすこ》であっても、お国《くに》のために勇敢《ゆうかん》に戦《たたか》う男子《だんし》に育《そだ》てる。」

戦時中《せんじちゅう》に男《おとこ》の子《こ》を育《そだ》てていた母親《ははおや》はそう覚悟《かくご》していたはずです。

いざというときには、笑顔《えがお》で送《おく》り出《だ》さなければならなかったのです。

でも、どんな姿《すがた》になってでも、もどってきてほしいというのが、母親《ははおや》の本心《ほんしん》でした。日記《にっき》にはそんな母《はは》の本心《ほんしん》が見《み》えかくれしています。

３人《にん》の男《おとこ》の子《こ》の母親《ははおや》になっていた裕里《ゆり》は、いまさらのように、母《はは》の杜夫《もりお》への深《ふか》い愛《あい》を痛《いた》いほど知《し》ることができました。

裕里《ゆり》は母《はは》の日記《にっき》を手《て》に、杜夫《もりお》に語《かた》りかけました。

「モーちゃん、お母《かあ》さまに会《あ》えた？　あなたが最後《さいご》に見《み》たお母《かあ》さまは、46歳《さい》だった。あんなにモーちゃんをさがし続《つづ》けたお母《かあ》さまだもの、どんなに年《とし》をとっていても、きっとすぐにわかるわね。」

裕里《ゆり》は、父《ちち》が杜夫《もりお》の誕生《たんじょう》を祝《いわ》って買《か》い求《もと》めた、小《ちい》さくて重《おも》いかぶとの置物《おきもの》を、胸《むね》に押《お》し当《あ》ててみます。裕里《ゆり》にとって、かぶとは杜夫《もりお》そのものなのです。

一瞬《いっしゅん》で十数万名《じゅうすうまんめい》の命《いのち》をうばった広島《ひろしま》の原爆《げんばく》（原子爆弾《げんしばくだん》）

写真提供：広島平和記念資料館（米軍撮影）

世界《せかい》ではじめて使《つか》われたおそろしい核兵器《かくへいき》

アメリカ軍《ぐん》による空襲《くうしゅう》（飛行機《ひこうき》からの攻撃《こうげき》）が続《つづ》いていた1945（昭和《しょうわ》20）年夏《ねんなつ》、アメリカなどの連合国《れんごうこく》は日本に降伏《こうふく》するようにすすめましたが、日本は受《う》け入《い》れませんでした。

そしてついにアメリカは、原子爆弾《げんしばくだん》を使《つか》ったのです。8月6日月曜日《がつむいかげつようび》、広島市《ひろしまし》は朝《あさ》からよく晴《は》れ、人々《ひとびと》は、いつもの生活《せいかつ》をはじめていました。午前《ごぜん》8時《じ》15分《ふん》、アメリカ軍《ぐん》のB《ビー》29爆撃機《ばくげきき》が、原子爆弾《げんしばくだん》を落《お》としました。これを「新型爆弾《しんがたばくだん》」と呼《よ》びましたが、これが世界《せかい》ではじめて実際《じっさい》に使《つか》われた核兵器《かくへいき》でした。

広島《ひろしま》の原爆《げんばく》で1945年末《ねんまつ》までになくなった人《ひと》の数《かず》は、約《やく》14万名《まんめい》。その後《ご》もふくめると約《やく》20万名《まんめい》の命《いのち》が、無残《むざん》にも失《うしな》われたといわれています。

たくさんの人《ひと》を殺《ころ》し、苦《くる》しめた おそろしい核兵器《かくへいき》

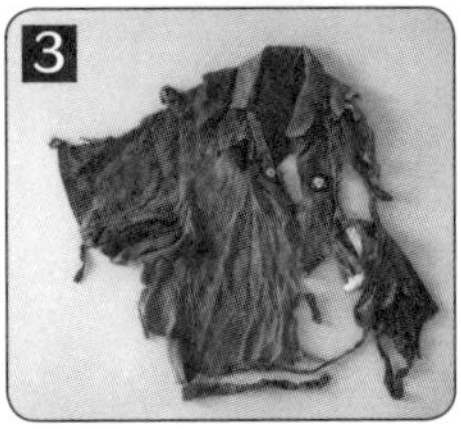

1 家《いえ》を焼《や》かれた負《ふ》しょう者《しゃ》は、爆風《ばくふう》で窓《まど》やかべのこわれた学校《がっこう》に避難《ひなん》。やけどで体《からだ》から水分《すいぶん》が失《うしな》われたため、水《みず》をほしがり、水《みず》を飲《の》んだあとに安心《あんしん》して、なくなる人《ひと》も多《おお》かったという。

2 高熱《こうねつ》で姿《すがた》を変《か》えた日用品《にちようひん》。

3 焼《や》けた女学生《じょがくせい》の制服《せいふく》。

写真提供：広島平和記念資料館（**1**：日本陸軍船舶司令部写真班 撮影、**2**：本田俊夫 寄贈、**3**：大下定雄 寄贈）

熱線《ねっせん》と爆風《ばくふう》、火災《かさい》で地獄《じごく》のようになった街《まち》

原爆《げんばく》は、その当時《とうじ》最高《さいこう》の科学技術《かがくぎじゅつ》を集《あつ》めて開発《かいはつ》された兵器《へいき》です。巨大《きょだい》なエネルギーを持《も》ち、熱線《ねっせん》によって、爆心地周辺《ばくしんちしゅうへん》の地面《じめん》の温度《おんど》は、3千度《ぜんど》から4千度《せんど》に達《たっ》しました。爆心地《ばくしんち》の人々《ひとびと》はほぼ即死《そくし》でした。

爆風《ばくふう》で建物《たてもの》はふき飛《と》び、あらゆるものをなぎたおしました。たくさんの人《ひと》がその下《した》じきになったり、われたガラスが体《からだ》につきささったりしました。そこへ大火災《だいかさい》が発生《はっせい》し、3日《みっか》間《かん》燃《も》え続《つづ》けました。爆心地《ばくしんち》から2キロメートル以内《いない》の建物《たてもの》はすべてこわれ、焼《や》きつくされました。

大《おお》やけどを負《お》った人々《ひとびと》は、皮《ひ》ふがべろりとむけ、血《ち》だらけです。ぼろぼろになった服《ふく》の切《き》れ端《はし》を身《み》にまとい、あまりの熱《あつ》さに水《みず》を求《もと》めるそのようすは、まるで地獄《じごく》でした。

原爆《げんばく》ドーム

原爆投下《げんばくとうか》9年後《ねんご》、原爆《げんばく》が落《お》とされた地《ち》にできた 平和記念公園《へいわきねんこうえん》

爆心地近《ばくしんちちか》くに、人類《じんるい》の平和《へいわ》を願《ねが》い訴《うった》える目的《もくてき》で、平和記念公園《へいわきねんこうえん》が作《つく》られました。公園内《こうえんない》の広島平和都市記《ひろしまへいわとしき》念碑《ねんひ》には、広島市原爆死没者名簿《ひろしましげんばくしぼつしゃめいぼ》がおさめられ、碑《ひ》の前面《ぜんめん》には「安《やす》らかに眠《ねむ》って下《くだ》さい　過《あやま》ちは繰返《くりかえ》しませぬから」という言葉《ことば》がきざまれています。また、同公《どうこう》園内《えんない》には、原爆《げんばく》によって破壊《はかい》された建物《たてもの》が、世界遺産《せかいいさん》「原爆《げんばく》ドーム」として、当時《とうじ》の姿《すがた》をとどめ、核兵器《かくへいき》のおそろしさを伝《つた》えています。

広島平和都市記念碑《ひろしまへいわとしきねんひ》

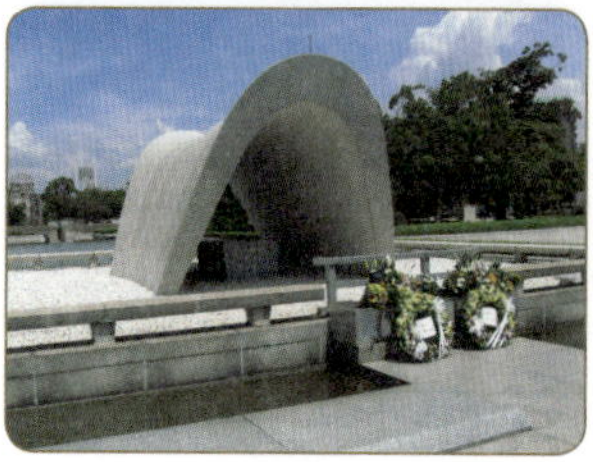

長期《ちょうき》にわたって続《つづ》く、放射線《ほうしゃせん》による被害《ひがい》

原爆《げんばく》は、熱線《ねっせん》や爆風《ばくふう》とともに、たくさんの放射線《ほうしゃせん》と放射性物質《ほうしゃせいぶっしつ》をまき散《ち》らし、人体《じんたい》に大《おお》きな被害《ひがい》をもたらしました。あとから被災地《ひさいち》に入《はい》った人《ひと》も、放射線《ほうしゃせん》の被害《ひがい》を受《う》けました。原爆投下《げんばくとうか》のあとに降《ふ》った「黒《くろ》い雨《あめ》」も、放射性物質《ほうしゃせいぶっしつ》をふくんでいました。

即死《そくし》せずにすんだ人《ひと》も、数日《すうじつ》たつと、かみの毛《け》がぬけ落《お》ちたり、歯《は》ぐきから血《ち》が出《で》たり、げりをしたり、皮《ひ》ふにはん点《てん》があらわれたりしました。この「急性放射能症《きゅうせいほうしゃのうしょう》」で数多《かずおお》くの人《ひと》がなくなりました。何年《なんねん》もたってから「原爆後障《げんばくごしょう》がい」といわれる、白血病《はっけつびょう》やがんなどの症状《しょうじょう》があらわれることもありました。放射線《ほうしゃせん》によって体《からだ》をむしばまれた被《ひ》ばく者《しゃ》は、今《いま》もつらい生活《せいかつ》を続《つづ》けているのです。

『ヒロシマ　8月《がつ》6日《むいか》、少年《しょうねん》の見《み》た空《そら》』のお話《はなし》を聞《き》かせてくれた茶本《ちゃもと》裕里《ゆり》さん

ほんとうの平和《へいわ》が来《く》るまで、この世《よ》の行末《ゆくすえ》を杜夫《もりお》といっしょに見届《みとど》けたい

茶本裕里《ちゃもとゆり》さん（1929年《ねん》生《う》まれ）

あの原爆《げんばく》が投下《とうか》された8月《がつ》6日《むいか》から7日間《なのかかん》、母《はは》の松代《まつよ》は、心《こころ》の底《そこ》から愛《あい》した息子《むすこ》をさがし歩《ある》いた記録《きろく》を残《のこ》していました。「冷《つめ》たい水《みず》が飲《の》みたい」と最後《さいご》にいったという杜夫《もりお》のために、仏壇《ぶつだん》に冷《つめ》たい水《みず》を供《そな》え続《つづ》けた母《はは》でした。その母《はは》の日記《にっき》と杜夫《もりお》の遺品《いひん》を、2006（平成《へいせい》18）年《ねん》、広島《ひろしま》の平和記念資料館《へいわきねんしりょうかん》におさめました。

毎年夏《まいとしなつ》の特別展示期間《とくべつてんじきかん》には、杜夫《もりお》の遺品《いひん》が展示《てんじ》されます。杜夫《もりお》が力強《ちからづよ》く書《か》いた習字《しゅうじ》が展示《てんじ》されたときもありました。資料館《しりょうかん》を訪《おとず》れるとわたしは、色《いろ》あせた半紙《はんし》の習字《しゅうじ》に話《はな》しかけます。

「お姉《ねえ》ちゃまは、モーちゃんと、もっともっときょうだいげんかをしたかった。」と。

杜夫《もりお》が通《かよ》った旧広島県立広島第一中学校《きゅうひろしまけんりつひろしまだいいちちゅうがっこう》、現在《げんざい》の広島県立広島国泰寺高校《ひろしまけんりつひろしまこくたいじこうこう》では、毎年《まいとし》7月末《がつすえ》の日曜日《にちようび》に慰霊祭《いれいさい》を行《おこな》っています。わたしは毎年《まいとし》、東京《とうきょう》から新幹線《しんかんせん》でこの慰霊祭《いれいさい》に参加《さんか》しています。

慰霊祭《いれいさい》では、戦争《せんそう》を知《し》らない杜夫《もりお》たちの後輩《こうはい》が、かいがいしくすっかり年老《としお》いた遺族《いぞく》の参加者《さんかしゃ》の世話《せわ》をしています。

わたしたち家族《かぞく》は、何十年《なんじゅうねん》たっても、原爆《げんばく》のあの瞬間《しゅんかん》から、杜夫《もりお》が行方不明《ゆくえふめい》になったまま帰《かえ》ってこなかった悲《かな》しみを持《も》ち続《つづ》けています。東京《とうきょう》にいるわたしとアメリカのシカゴで暮《く》らす姉《あね》の万里《まり》は、弟《おとうと》のことを語《かた》り伝《つた》えていくつもりです。日本が戦争《せんそう》をしないで、ほんとうの平和《へいわ》を手《て》に入《い》れるその日《ひ》まで。

作者　井上こみち

埼玉県に生まれる。日本児童文芸家協会会員。児童向けのノンフィクション作品を手がけている。近著に『世の中への扉 災害救助犬レイラ』（講談社）、『ハヤト、ずっといっしょだよ』（アリス館）、『野馬追の少年、震災をこえて』（ＰＨＰ研究所）がある。戦争を描いた読み物に『犬の消えた日』（幻冬舎文庫）、『氷の海を追ってきたクロ』（学研教育出版）、『犬やねこが消えた』（学研）、『カンボジアに心の井戸を』（学研）で第28回日本児童文芸家協会賞、『往診は馬にのって』（佼成出版社）で第6回福田清人賞を受賞。

画家　すがわらけいこ

1959年福島県に生まれる。イラストレーター。『8月6日、モリオの見た空』『たべものくらべっこえほん』『動物のおじいさん、動物のおばあさん』（以上、学研教育出版）、『おれたちはパンダじゃない』（アリス館）、『ことば遊び絵事典』（あすなろ書房）、『ノロウイルスのノウちゃん』『図書館って、どんなところなの？』（以上、ポプラ社）など、絵本・保育雑誌・広告などで活躍中。

＊本書は、2014年発行の“語りつぎお話絵本　せんそうってなんだったの？
第二期 ⑨『8月6日、モリオの見た空』”を読み物として加筆、再編したものです。

戦争ノンフィクション物語　12歳5か月の戦没者
ヒロシマ　8月6日、少年の見た空

2015年5月3日　第1刷発行

作者 ● 井上こみち
画家 ● すがわらけいこ
装丁 ● フレーズ（大薮胤美）
前見返しイラスト ● 石川えりこ
発行人 ● 川田夏子
編集人 ● 松下 清
編集担当 ● 渡辺雅典
編集 ● WILL
校正 ● 土佐千賀
発行所 ● 株式会社学研教育出版
〒141-8413　東京都品川区西五反田2-11-8
発売元 ● 株式会社学研マーケティング
〒141-8415　東京都品川区西五反田2-11-8
印刷所 ● 日本写真印刷株式会社

［お客様へ］　☆ご購入・ご注文は、お近くの書店様へお願いいたします。
☆この本についてのご質問・ご要望は次のところへお願いいたします。
〔電話の場合〕編集内容に関することは、Tel.03-6431-1594（編集部直通）
在庫、不良品（乱丁・落丁等）に関することは、Tel.03-6431-1197（販売部直通）
〔文書の場合〕〒141-8418　東京都品川区西五反田2-11-8　学研お客様センター
『ヒロシマ　8月6日、少年の見た空』係
この本以外の学研商品に関するお問い合わせは、Tel.03-6431-1002（学研お客様センター）

NDC913 104P 15.6cm×21.8cm